JN207399

江戸呑み

目次

「酒《さか》菜《な》」質実。江戸の味の作り方、楽しみ方

料理・海原 大「江戸前 芝浜」主人

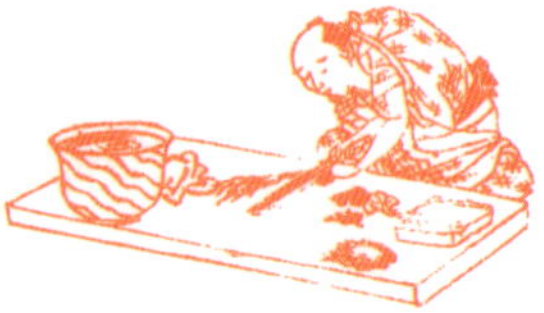

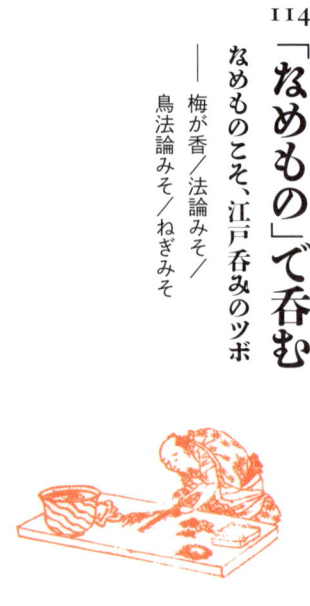

江戸呑みのさらなる奥座敷

この著は、江戸で花開いた晩酌と居酒屋における酒と酒菜の楽しみ方を、飯野亮一先生の著作『晩酌の誕生』と『居酒屋の誕生 江戸の呑みだおれ文化』（ともに、ちくま学芸文庫）に背景と内容を探りながら、「江戸前 芝浜」の海原 大さんの協力をえて、現代に再現を試みたものである。

江戸呑み連中より

ようこそ！ 江戸呑みへ
久住昌之さんが扉を開く、おいしい江戸呑みの奥座敷

「酒」の提灯が手招きする「江戸前 芝浜」へ。今宵はビールはなし。主人の海原 大さんが文献や錦絵を紐解いて再現した江戸の酒菜《さかな》で燗酒を酌み交わし、江戸の呑み事情に思いを馳せて追体験します。

解説・飯野亮一 食文化史研究家 料理・海原 大「江戸前 芝浜」主人 構成・沼 由美子

枝豆売り、おでん燗酒売り、夕鯵《あじ》売りなど多彩な「振り売り」が江戸庶民の味方でした。

江戸の町ではおなじみ「おでん　かん酒」売り。湯を張った燗銅壺から燗酒を取り出している。『黄金水大尽盃』十六篇　元治2（1865）年。

赤ちゃんを背負い、枝ごとゆで上げた枝豆を傍らに抱えて長屋の前を売り歩く「枝豆」売り。『絵本時世粧』歌川豊国　享和2（1802）年。

其の壱

晩酌の誕生。

晩酌を楽しむ「家呑み文化」は江戸で開花しました！

江戸（上）と京坂（下）の枝豆売り。『守貞謾稿』嘉永6（1853）年

今夜は江戸の
酒菜と燗酒で乾杯！
江戸の晩酌の世界へ
お連れします

飯野亮一

食文化史研究家。元・服部栄養専門学校理事。著書に『居酒屋の誕生 江戸の呑みだおれ文化』『晩酌の誕生』（ともにちくま学芸文庫）など。

久住昌之

漫画原作者として『孤独のグルメ』（扶桑社）、『花のズボラ飯』（秋田書店）など話題作を発表。エッセイスト、イラストレーター。

飯野　今夜は江戸っ子たちも呑んでいた灘の銘酒「剣菱《けんびし》」の燗酒で、江戸呑みを追体験しましょう。

久住　まず「とりあえずビール」がないわけですよね（笑）。当然、冷蔵庫もない時代ですから、お酒は常温か燗酒ですね。

飯野　江戸は通年、燗酒です。現代と比較するとだいぶ気温が低かったようです。だから夏でもお燗をして呑む。お燗が基本なので、温めていない酒は冷《ひ》やとなるわけです。

久住　どんなものをアテにしていたのかが気になります。だいたい「酒のアテ」という言い方はあったのかしら。

飯野　ええ。「アテ」は関西の言葉で、江戸では「酒菜《さかな》（肴）」と言っていました。後に「つまみ」という言葉が出てきます。「酒菜」といえば酒を呑むことが前提。だから魚類の魚は「うお」と呼んでいました。「魚《うお》売り」ですね。肉を食べない時代、魚は酒のつまみとしてとても喜ばれたので、だんだん「さかな」と読むようになったのです。

久住　へ～！

飯野　江戸の町には、天びん棒を担いで呼び声をあげながら食べ物を売り歩く「振り売り」がいて、家にいながらにして酒の肴が入手できました。

久住　なんてありがたい！

飯野　枝豆は夏の酒菜の代表格。枝豆売りは、ゆで上げた枝付きのままを抱えて「枝豆や〜、枝豆や〜」なんて声を出しながら売り歩きます。この

寛政年間（1789〜1801年）から売ることが流行し始めた枝豆。ゆで上げの香ばしい香り、振りかけた塩は夏の酒菜にもってこい。江戸は女性が多く、京坂は男性も町を売り歩く姿が見られた。

錦絵のように（11ページ）、江戸の枝豆売りは女性が多かった。長屋の路地を入った、射的のような遊戯場の土弓の前を売り歩いています。ゆでるだけで出来上がるので、子育てをしながらでも小遣い稼ぎができたのです。こんな川柳が残されています。「枝豆は湯上り塩の夕化粧」（『新編柳多留14』天保一五〈一八四四〉年）なんてね。

久住　湯気立ち上る枝豆に塩梅よく塩を振り、それで一杯、なんて情景が浮かびます。現代も変わらず、江戸で楽しまれていた酒のつまみのまま食べ続けられていることがなんだかられしいです。

飯野　『守貞謾稿』には、江戸と京坂の枝豆売りの違いが書かれています。江戸では、枝ごと懐《いだ》いて売っているから「枝豆」。京坂は枝を除き、皮は取らずに肩に乗せて売るので「さや豆」と呼ばれます。売り声も「湯出《ゆで》さや、湯出さや」です。そして、涼しくなると、おでんと燗酒を売り歩き始めます。

久住　おでん！　燗酒もセットで!?　向こうから売りに来てくれるとは、風情がありますねぇ。

飯野　この絵（10ページ）のように保温できる容

器に燗酒を入れて、担いで売ります。テイクアウトすることも多かった。この頃のおでんは、こんにゃくや里芋を串に刺して湯に入れておき、注文が入ったら取り出して、味噌を塗って完成です。当時を再現したおでんを用意してもらいました。

久住　どんな味噌を使っていたのでしょう？

飯野　江戸の町では江戸味噌が流通していました。醸造が早く進むように麹の量を多くしたもので、結果的に甘味のある味噌になりました。

久住　冷え込む晩など最高ですね。とくに一人暮らしにはありがたかったことでしょう。

飯野　「アヽ、寒ひ晩だ。風鈴か、蒟蒻《こんにゃく》のおでんがくればいゝ」（『人心鏡写絵』寛政八〈一七九六〉年）なんて心待ちにされている様子が描かれています。風鈴とは蕎麦《そば》売りのことです。冬だけでなく、旧暦の六月、今でいえば七月頃の夕涼みをするような季節になると、もう売り歩き始めていました。

久住　かなり早いですね。では、今でいう煮込んだおでんが登場したのはいつ頃なのでしょうか。

飯野　煮込みおでんに発展するのは明治時代です。八つ頭やすじ、ちくわといった練り製品も具になります。もともと、江戸時代から練り製品の技術があり、はんぺんもつくっていましたから、おでんを煮込むようになって加えたのでしょう。

久住　僕がおでんを最初に食べたのは家庭の食卓だけど、生まれ育った三鷹では公営プールの隣に

江戸のおでんは串に刺したこんにゃくと里芋が定番。大豆とほぼ同量の米麹を使う甘口の江戸味噌を塗って一丁上がり。「芝浜」では大豆1：米2の割合の日出味噌醸造元の江戸甘味噌を使用。

『太平洋』明治36（1903）年12月号

おでん屋がありました。当時は１本10円とかでおでんを買って。子どもながらに、プール上がりのおでんが楽しみでしたね。

飯野　明治三六年一二月の史料の図版があります（右上）。こんな光景だったのでは。ご覧のように煮込みおでんの普及とともに、おでん売りの看板は「煮込み」と書かれるようになりました。

久住　もつ煮込みじゃないですよね？（笑）

飯野　江戸時代の田楽味噌のおでんと区別する意味で煮込みおでんとしていましたが、そのうちにおでん＝煮込みと認識され、「煮込み」の文字が取れていきます。図版の史料にはこんなふうに出ています。「焼豆腐、飛竜頭《がんもどき》、蒟蒻《こんにゃく》、八つ頭、蒲鉾、するめ、姥貝《うばがい》、すじ、玉子といった様なものと他に茶飯を添へてるものもあるが、此地《ここ》の客は口が奢ってゐるなと思ふと其等《これら》のものの外に鳥、篠田巻、白瀧、鳥貝、蛸の櫻煮などの上物から口取《くちとり》まがひのものまで拵える、こうなるとおでんやもなかなか贅澤なもので、三四十銭ぐらいの財布をハタかせるのも造作もない」。

久住　具の種類も格段に増えたようですね。

飯野　図版の屋台には車輪がついています。江戸時代に屋台はありましたが、車輪がつくのは明治以降。種を増やしても運べるようになりました。

久住　な～るほど。はやり、江戸の振り売りは、加熱したものばかりだったのでしょうか？

鰺の酢さしみ

飯野　いえいえ。魚売りもおなじみでした。しかも「夕鰺売り」。

久住　普通の鰺とは違う?

飯野　夕方に揚がった鰺のことで、とても新鮮なのです。鰺は江戸湾で獲れた魚の代表格で特に江戸っ子に好まれました。当時、日本橋の魚河岸には、夕方には夕河岸が開かれて鮮度のよい鰺が売られていたのです。「夕鰺の声は売人（うりて）も生（いき）てはね」（『誹風柳多留』天保四〈一八三三〉年）。あるいは「うりにくる 夜鰺うつくし銀砂子」（『錦の袋』享保年間〈一七一六〜三六年〉なんて、銀粉をまぶしたように鰺が光っている状態を表した川柳もあります。

久住　なんとも贅沢。いま私たちがいる「芝浜」がある芝・芝浦界隈でも鰺が揚がったのでしょう。古典落語の名作『芝浜』では、魚屋の熊さんが「その桃色んとこ、ちょっとやってくれ」なんて言われて魚を捌くと、その手際と仕草がいいと評判だったが、呑むとこれがダメで……なんて描写があります。熊さん、鰺も捌いてたかな。

塩を入れた酢に付けて食す。さっぱりとした味わいが新鮮！『江戸料理集』には、松皮かれいにわさび酢（塩、わさび、酢）を付ける食べ方が「酢さしみ」として紹介されている。

さあさあ、江戸前の夕鰺を好み通りにおろすよ〜

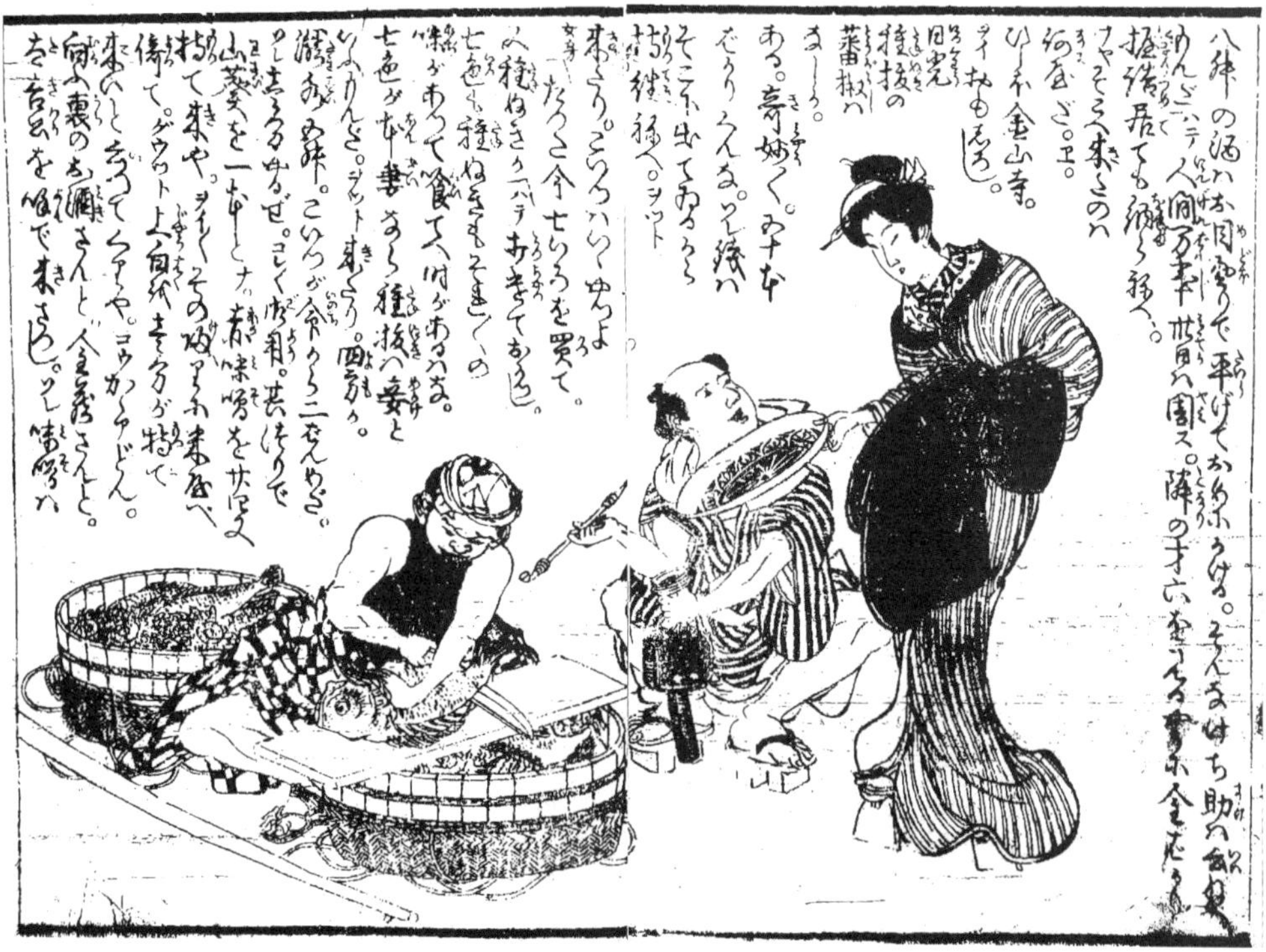

振り売りの魚売りが、注文の鯛をおろしているところ。客である女房は大きな皿を持って待っている。『四十八癖』二編　文化10（1813）年。

飯野　江戸前の魚というと、かつおが連想されがちですが、珍重されるのは初夏の初かつおの時期だけでとても短い期間でした。オールシーズン獲れて、江戸っ子が「江戸前のナンバーワン」として挙げていたのは鯵なのです。夕鯵売りはまな板と包丁も携えていて、買ったその場で刺身用や塩焼き用と、客が食べたいようにリクエストして捌いてもらえました。

久住　庶民の長屋には台所はあるが水回りはよくないですからね。魚屋さんが長屋の路地なんかで捌いてくれたら、後は帰って呑むだけだ（笑）。そんな情景を思い浮かべて、鯵をいただいてみましょう。添えてあるのは醤油ではなくお酢ですね。

飯野　江戸では、塩と酢を混ぜた塩酢に鯵を付けて食べることもしていたようです。

久住　酢洗いや酢〆でなく、直に付けて食べるのは初めてです。わ、普段でも食べたいおいしさだ。薬味と一緒に食べるのもいいですね。塩酢をたっぷり付けてもうまいなぁ。うんうん。

飯野　なますという食べ方がありますが、もともとは生の魚介を酢で食べたのでそう呼ばれました。

おひとつ、どうぞ

塩酢で食べる
新鮮な鯵は
はっとするおいしさ！

そこから和えずに別々に出したものを「刺身」と呼ぶようになり、言葉が分かれていきました。江戸時代の刺身の調味料は本当に多様です。今と違って、食べる魚によって調味料を変えていました。醤油が普及するのは、江戸中期以降。それまで何を付けていたかというと、一つは煎り酒です。

久住　日本酒に梅干し、かつお節を入れて煮切った江戸の万能調味料ですね。

飯野　酢は、料理によって合わせる材料を変えて味を変えます。たとえばわさび酢や生姜酢、ぬた酢、梅肉酢、蓼《たで》酢。豆腐と白胡麻と合わせる白酢、細かくすった昆布と合わせる黒酢などなど。

久住　塩酢で鯵を食べて、現代人の僕がおいしいと思うのだから、そりゃ当時の人もおいしかったことでしょう。時を経ていろんな思考や価値観が変わってきたというのに、純粋にこの食べ方がおいしいと思う感覚が変わっていないのが本当に面白いですね。それに魚ごとにお酢の味を変える工夫がとてもユニークです。今のようにレシピがあるわけじゃないし、自分なりの食べ方を工夫して編み出した人がいるのでしょう。

江戸はテイクアウトも充実。「刺身屋」までありました。

飯野　江戸の家呑みではテイクアウトも盛んに利用されています。屋台とは別に、「菜屋《さいや》」と呼ばれる魚介や野菜を煮付けた煮染《にしめ》を売る店があって、生あわびやするめ、焼き豆腐、こんにゃく、くわい、れんこん、ごぼうなどをかつお節の出汁と酒、醤油で煮染めたものを売っていました。さらに、町のあちこちに「刺身屋」もありました。

久住　魚屋とはまた別の小売店ですか？

飯野　魚をおろしてきれいに盛り付けてくれます。ツマも大根、うど、生海苔、防風、赤芽（紅蓼《たで》）など2、3種類は常備しています。『守貞謾稿』には、かつおとまぐろの刺身をおもにしていたとありますが、ただその他のものも、適当なものがその日に揚がれば販売します。「今世、江戸にありて京坂にこれなき生業」として紹介されています。それほど江戸っ子は刺身を食べるのが好きだったんですね。

久住　いま僕の目の前にある火取りかつおも刺身屋で売っていたものの一つですね。皮に塩を振って炙ってありますね。このままでも十分に塩気があって、う〜ん、おいしい。辛子醤油もいいし、

火取りかつお

かつおに塩を振ってしめ、皮目を炙ったもの。塩を振ることで中に火が入りすぎない。薬味に白髪ねぎ、みょうが、生姜を混ぜて添える。辛子と醤油でいただくもよし、酢を付けてもまた美味。

先ほどの鯵のように酢を付けて食べてみてもまた美味です。

飯野　わからないのは、刺身屋にお皿がたくさん用意してあったのか、お客がお皿を持参して盛り付けてもらったのか。そこまでは書いてないですが、どうも僕は後者のような気がします。

久住　後者のほうが返す手間がないですものね。こんな酒菜が店よりも安く、自宅で手っ取り早く食べられるなんて。せっかちな江戸っ子の気質にも合っていたのかもしれません。

銚子は描かれていないが、女性の膝前に盃洗が描かれていることから、酒のつまみとして刺身を楽しんでいることが察せられる。三代歌川豊国『当世娘評判記』刊年不明。国会図書館蔵。

便利で暮らしやすい江戸では、男は「独り呑み」を謳歌していました。

久住　昔は酒は基本的に祭りのときのものだったけど、江戸時代「独り呑み」はあったんですか？

飯野　独り呑みという言葉自体が江戸で誕生しています。中国由来の言葉に「独酌」があり、中国は唐の詩人、李白（七〇一～七六二年）が「月下独酌」と題した詩を詠んで日本でも使われだしました。それが日本的な表現で「独り呑み」となり、盛んに使われます。長屋には独身者が多かったですからね。

久住　江戸の男女の比率が大体2対1ですよね。全国から出稼ぎでやってくる男性が多かった。

飯野　武士も参勤交代でやってきますが、よっぽどの上級でない限りは単身赴任です。必然的に独り呑みの男性が多くなります。まずは居酒屋。こちらの図版（23ページ）に描かれている4人客は、すべて独り呑みの客です。手前右側の頭巾をかぶった客は犬を相手に呑み、その後ろのとんがり帽をかぶった客は店員に「から汁ならここだ」と呼んでいます。料理人の「もう七つ（午後4時頃）だにまだひるめしをくふひまがねへ」というぼやきから、客たちは昼酒をしているとわかります。

久住　ずいぶん独り呑みを謳歌していますね。当然、家でも独りで呑みますよね？

飯野　家で呑むことを「内呑み」といいます。酒を水で割ったり、シンプルな酒菜で呑んだり、あるいは魚売りの魚を値切って楽しんだり。とかく自分のペースで呑めるところがいいところです。

久住　祭りのように大勢で酔って非日常の世界に騒ぐでもなく、ただ酒が呑みたいから一人でも呑むっていう人はもういたんですね。すごくうれしいですね。酒の味はもちろん今とは比べようがないだろうけど、独り呑みの楽しみっていう感覚はすでに江戸時代に生まれていたんですね。夜空を見れば同じ月が見えていたわけだし……。

あるものを愉しむ。
ないなら
ないなりを愉しむ

それぞれ独り呑みを楽しむ男性客4人と給仕の男性、料理人が描かれる。
歌川国貞画『代夜待白女辻占』文政13（1830）年。

番付好きの江戸には「おかず番付」があって、豆腐の料理が大関でした。

飯野　こちらをご覧ください。江戸時代の人気の倹約おかずを相撲や歌舞伎の番付風にランキングした、通称「おかず番付」です。東側「精進方」は植物性食品、西側「魚類方」は魚介類のおかずです。この時代の最上位だった大関を筆頭に、関脇、小結、前頭と順位をつけて見立ててあります。「雑」と付いているものはオールシーズン食べられ、「春」「夏」などと書かれているものは季節の味を表しています。

久住　なるほど。精進方のトップが八はいどうふというわけですね。次が昆布油揚げ、続いてきんぴらごぼうですね。親近感を感じるな（笑）。

飯野　この『日々倹約料理仕方角力番附』は、庶民が日常食として利用しやすいものが中心となっているといわれていて、約200品のおかずが記されています。

久住　いろいろ食べていたのですねぇ。豊かだなぁ。日本には四季があるということをあらためて感じます。魚類のほうは、大関が鰯のめざしに、あさりのむき身の切り干し大根。まぐろも入っている。今と変わらないじゃないですか（笑）。

飯野　おかずとして好んで食べていたものではありますが、同時に酒の肴になるものが多数含まれています。

久住　さっそく、大関の八はいどうふをいただきたいな。これは……初めて見る切り方です。

海原　八はいどうふのレシピの基本は、水が6杯、お酒が1杯、醤油が1杯で計8杯という割合の煮汁で豆腐を煮る料理です。それが料理名の語源になっているといわれていますが、一丁の豆腐を八杯分に切ったから、という説もあります。実際に何度もつくってみて、私の店では食べやすくて味もしみやすく、もっともしっくりくるこの切り方でお出ししています。昔は今より豆腐が硬かったと聞きますが、これなら食べやすかったのではないでしょうか。今日はかつお節と大根おろしを添えてみました。

番付から食を
楽しんでいたことが
わかります

番付は江戸っ子の
〝孤独のグルメ〟ですね

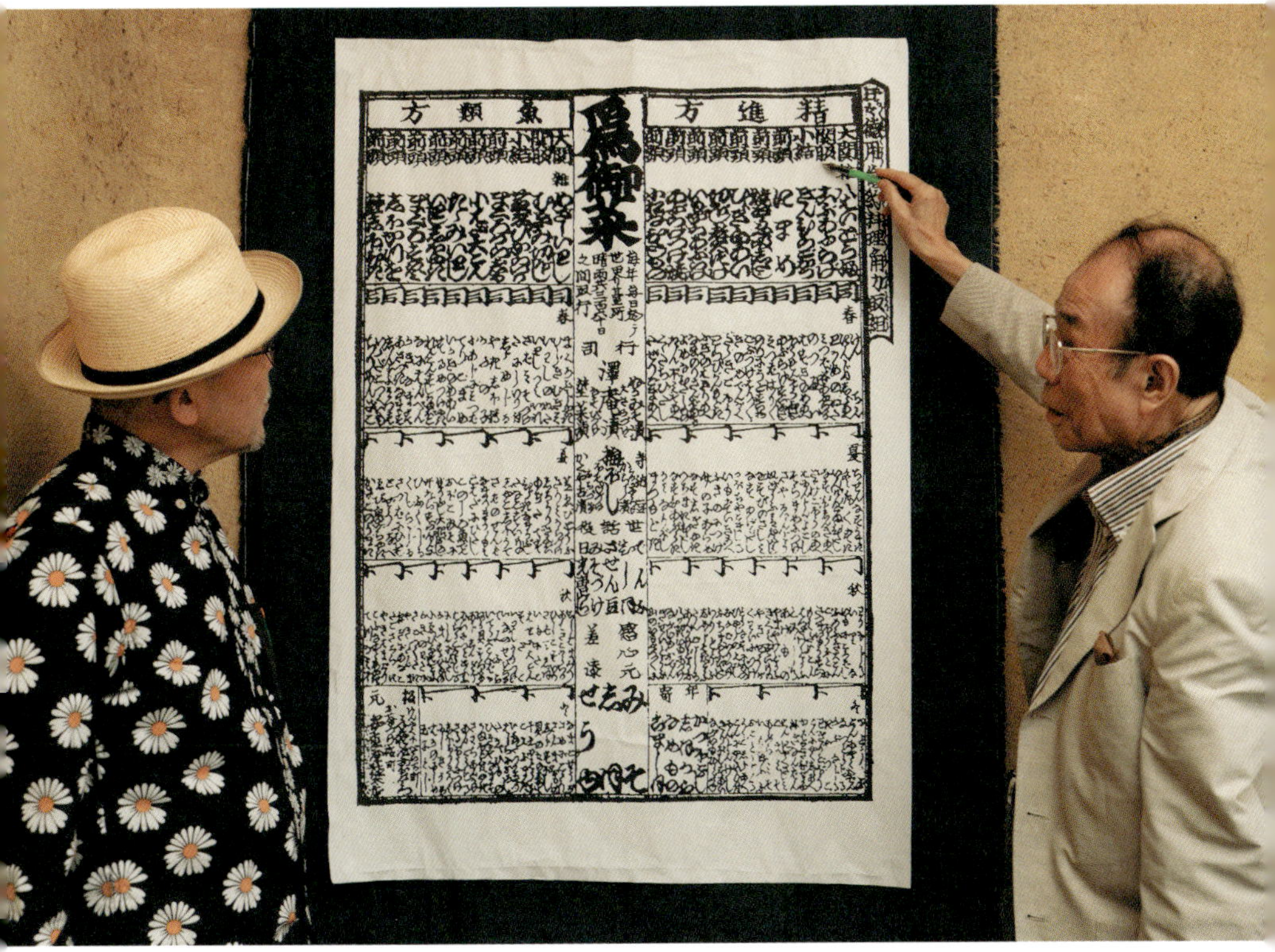

『日々倹約料理仕方角力番附』から四季を通じて多彩な酒の肴を味わっていたことがうかがえる。中央には、欠かせない漬物や調味料が記される。

久住　んーーー、うまい！　これは呑めますね。大根おろしを添えるのが新鮮。湯豆腐ともまた違っていて面白いです。さすが大関！

飯野　八はいどうふをはじめ、焼き豆腐や油揚げに出汁や汁をしみ込ませた料理、にんじん白和え、山かけ豆腐、いり豆腐、あんかけ豆腐、湯豆腐など、豆腐を使ったものは20種類あります。江戸で豆といえば大豆。安価で手に入れやすく、良質なたんぱく源になっていた豆腐が、いかに江戸の庶民の生活に浸透していたのかが読み取れます。

久住　薬味で変化を付ける食べ方も今と同じだ。

飯野　江戸っ子は大根おろしをよく食べていたと思います。江戸時代の長屋の絵なんかを見ると、台所にいろいろなものが掛けてあって、大体、包丁と一緒におろし金も描かれています。屋台の天ぷら屋にもどんぶりに大根おろしが用意してある。串に刺した天ぷらを天つゆにどぶんと浸けて、大根おろしをのせて、頬張るのが江戸っ子流でした。今でも僕は、天つゆに大根おろしを入れると水っぽくなってしまうので、江戸っ子スタイルで天ぷらを食べています。

久住　あぶらげつけやきもいただいてみますね。僕、油揚げが大好きなんです。家でも焼いてつまみにします。大根おろしと刻みねぎと味ぽんで。本当に日本の料理というのは、引き算の料理で素材に最小限の手を加えるだけ。ツマの大根おろしの味をも生かして素材のおいしさを引き立ててい

八はいどうふ

極太のうどんのようにも見える切り方の八はいどうふ。「芝浜」では水を出汁に変えた温かいつゆをかけ、大根おろしや削りたてのかつお節を添える。見知った豆腐ながら新鮮なおいしさが広がる。

ます。おかず番付は、高級なものや貴重なもの、今でいう映えるものではなく、いつ食べてもおいしいものがちゃんと上位になっているのがすごくうれしい。番付をつくった人、センスいい（笑）。この２品は僕にとっての大関と関脇です。江戸の人の感覚と同じなんで自信持った。

あぶらげつけやき

素焼きした油揚げに、醤油、酒、みりんを混ぜた付け醤油を塗って軽く炙ったもの。焼き目の香ばしさと塩気が酒を呼ぶ。おろし生姜やねぎ、海苔、七味唐辛子といった薬味とも好相性だ。

飯野　工夫して食を楽しんでいますよね。数ある「百珍」ものもいい例で、その走りは「豆腐百珍」になります。

久住　僕はグルメ漫画の原作を書いていますが、外国にこんな漫画はありません。でも日本ではほかにも多数のグルメ漫画があって、毎月のように雑誌や本が発売されている。海外から見たらどうかしてる民族かも（笑）。僕が思うに、おかず番付は江戸時代版〝孤独のグルメ〟だと思うんです。酒を呑みながら「これが大関だろう」とか「なくちゃならない漬物はこれだろう」とかをあれこれ考えている。それを現代人の僕が見て、いいねと思ったり、食べて今もこれが一番うまいと賛同したり。自分の舌で江戸の人と繋がれた喜びがあります。

大根おろしが合う〜

いい燗、ついてます

其の弐

江戸の日本酒事情

人気の酒は、上方からの「下り酒」でした。

霊厳島を南北に分ける堀（運河）の名であり、両岸の町の総称だった新川。
連なる「新川酒問屋」の賑わい。『江戸名所図会』天保5〜7(1834〜1836)年。

代表銘柄は「剣菱」。廻船で10日ほどかけて運ばれてきた樽酒が、熟成がすすんでうまいと評判でした。

久住　先生の著書『居酒屋の誕生 江戸の呑みだおれ文化』では、江戸で呑まれていた酒について書かれています。上方で造られた下り酒が主流だったのですね。

飯野　それも瓶のない時代ですから樽酒です。いま僕たちが呑んでいるのも、今日のために海原さんが用意してくださった銘酒「剣菱」の樽酒です。

久住　江戸気分が盛り上がります。

飯野　江戸時代初期は、畿内地方から運ばれてきた諸白《もろはく》という下り酒が呑まれていました。現代の日本酒のように、仕込み用の掛米と麹米の両方に

通い徳利片手に 酒屋で剣菱を 買ってたのかな

磨いた米を用いて造った酒で、一六世紀の中頃に奈良で生まれました。次第に造りの主産地は摂津（大阪府北部と兵庫県東部）の伊丹・鴻池・池田・富田に移っていきます。なかでも、良質な水に恵まれていた伊丹酒は高い名声を得ました。

久住　この「剣菱」は灘の酒ですよね。

飯野　江戸後期以降になると、隆盛を極めていた伊丹や池田が徐々に衰え始め、代わりに西宮を含めた灘地方の酒が主役を占めるようになります。ちょうど同時期、『重宝録』には天保一二（一八四一）年頃に灘の西宮で酒造りに適した宮水が発見されたことが書かれています。「剣菱」は、江戸でもっとも賞味された下り酒で、経営者が変わった際に従来の伊丹から灘で醸造されるようになりました。図版にもよく描かれていて、あのロゴマークが入った菰《こも》樽を見ることができます（31ページ）。

久住　本当だ。僕はある時、「剣菱」のロゴマークが剣と菱型とモチーフにしたものだと知って、なんてモダンなデザインなのだろうと衝撃を受けました。コンパスを使っているようにも見えます。数学的というか、江戸時代にこんな先進的なセンスを持っていたことが驚きです。

飯野　江戸で呑まれていた下り酒に付加価値がついたことをご存じですか？　当時の輸送は船。約10日かけて江戸に運ばれてきました。江戸時代の商品学書『万金産業袋』には、こんなことが書かれています。「伊丹・池田の酒は『つくりあげた時は、酒の気はなはだ辛《から》く、鼻をはじき、何とらやん苦みの有やうなれども、遥《はるか》の海路を経て江戸に下れば、満願寺は甘く、稲寺には気あり、鴻の池などは甘からず辛からずなどとて、その下りしまゝの樽にて飲むに、味ひ格別也。これ四斗樽の内にて、浪にゆられ、塩風にもまれたるゆへ酒の性《しょう》やはらぎ、味ひ異になる事也』」。池田や伊丹の酒を挙げながら、はるばる海を渡るうちに波に揺られて、潮風にもまれて、まるみが出て格別な味わいになる、と伝えています。「やはらかに江戸で味つく伊丹酒」（『誹諧媒口』元禄一一〈一六九八〉年）なんていう句も残っています。

久住　樽の香りも溶け込んでいたことでしょう。海上輸送によっておいしさが増し、生産地では味

量り売りの小売り酒屋「升酒屋」の店内。おなじみのマークの剣菱の菰樽から漏斗と升を使って量っていた。『黄金水大尽盃』所編　嘉永7（1854）年。

わえない妙味を楽しめたというわけですね。

飯野　関東で造られる地酒の「地廻り酒」の比ではないほど人気でした。さらに、上方では摂津から江戸へ出した酒を再び運び戻して味わう、なんてことが行われました。上方でもうらやむおいしさだったのでしょう。『ひともと草』（文化三〈一八〇六〉年）には、「摂津から江戸に下した酒は、味も薫りもたぐいないものになり、世間でもてはやされているので、摂津でさえ、一、二樽残して持ち帰って、富士見酒といって賞している」とあります。こうした酒は、富士山を往路と復路の2度見た酒なので「富士見酒」と呼ばれ、京都でも大坂でもこうした史料が見られます。

久住　そこまで手の込んだことをするとは（笑）。常にうまい下り酒が呑めた江戸で〝呑みだおれ文化〟が花開くわけですね。

飯野　下り酒は、享保一五（一七三〇）年から船脚の速い酒荷専用の樽廻船で運ばれるようになります。集荷を扱う地として、新川《しんかわ》が一大集散地になりました。『江戸名所図会』には、新川の両岸に数多の酒問屋が軒を連ね、大変賑わっていた

上方では、酒を船で江戸まで往復させた「富士見酒」まで生まれました。

子がうかがえます（29ページ）。はしけ船には酒樽が積まれ、大勢の人が下り酒の荷下ろしをしている様子が描かれていますね。でも樽酒が瓶詰へと変わっていき、その繁盛ぶりも変遷していきます。新川堀は、昭和二三（一九四八）年には埋め立てられてしまい、もはやその風景にかつての賑わいぶりに思いを馳せることはできません。

久住　酒が瓶詰めへ移っていくのはいつ頃なのでしょう？

飯野　明治時代です。その前に「樽割《たるわり》」について触れておきましょう。江戸っ子たちは居酒屋のみならず、酒屋で酒を買って内呑みを楽しんでいました。一合分の値段を設定する際に割高の商売をせず、一樽を純粋に等分した値段で小売りする良心的な「樽割」の酒屋が喜ばれ、晩酌が大いに楽しまれました。でも結局、樽酒を扱う酒屋は行き詰まり、瓶詰めへと移行していきます。そうせざるを得なかった状況がわかる新聞記事があります。日付は明治一九（一八八六）年一〇月七日。量り売りをする小売り酒屋は、大樽に酒をたくわえておき、客の目の前で徳利や小樽に注ぎ移していました。そのため注ぐ量の多い少ないが繁盛に関わってきて、多く注ごうとするあまりに水や悪酒を混ぜたりすることなどもなかったとは言いがたい、といった内容が書かれています。それで、日本橋にあった酒販店が販売方法を改良し、摂州灘や今津、西宮などの酒蔵と特約を結んで瓶詰めの酒を売り出すのです。その一つが「月桂冠」です。

久住　なるほど。それで洋酒のように2合、4合といった既定の容量の瓶詰めが流通していったのですね。

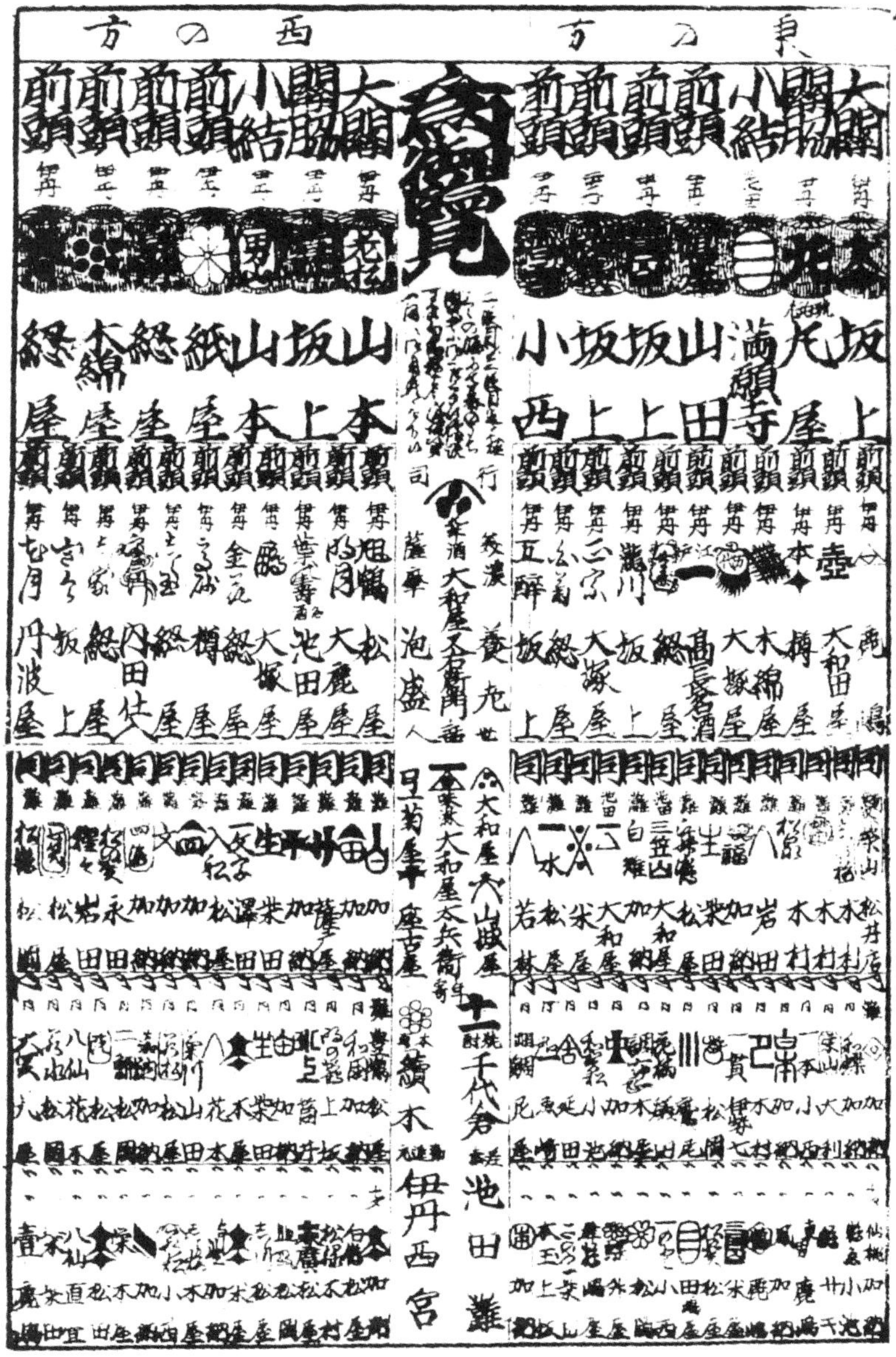

銘酒つくし

江戸後期のものと見られる銘酒の番付「銘酒つくし」。いずれも関西の下り酒。伊丹や池田の酒が上位を占め、灘酒は前頭の半ば以下に表れている。

ふぐの吸物で
呑めます

其の参

居酒屋の誕生。

居酒屋は江戸生まれ。大流行しました。

チロリで呑む客、軒に吊るした蛸や魚、その下に並ぶ大皿の料理と賑やかな居酒屋の様子が描かれる。『葉桜卯月物語』文化11（1814）年。

江戸の人たちは、吸物など、汁もので呑むのが好きでした。

飯野　「居酒屋」という業種と名称は、18世紀中頃に江戸で誕生しました。当時は男性比率が高く、酒の需要も高かったため、酒屋は早い時間から店開きしていました。量り売りする酒を酒屋の店先で呑ませることを「居酒」といいます。酒屋の過当競争が生じて、居酒を本業にして生き残りを図ろうとする酒屋が現れてきます。一方で、煮物を中心に簡単な食事や湯茶を提供する煮売屋（煮売茶屋）、いわゆるファストフード店のような役割の店が酒を提供するようになり、「煮売居酒屋」という呼称が生まれます。それらが、「居酒屋」という名称となり、新規参入組も加わって業種として形成されていきます。その居酒屋、江戸の町に何軒ぐらいあったと思いますか？

久住　呑みだおれの町といえども、さすがに現代よりは少ないですよね。

居酒屋の店頭に置かれた箱型の看板（行灯看板）に「御酒肴 御すいもの 御とりさかな」と書かれている。『金草鞋』十五編　文政5（1822）年。

飯野　それが文化八（一八一一）年に行われた調査では、１８０８軒もの「煮売居酒屋」（居酒屋）がありました。当時の江戸の人口は約１００万人と推定されているので、５５３人に一軒の割合で居酒屋が存在していたことになります。平成一八（二〇〇六）年における東京の「酒場・ビアホール」数は2万３２０６軒。ここには「大衆酒場・焼鳥屋・おでん屋・もつ焼屋・ビアホール」が含まれていて、江戸の居酒屋に相当するものと考えられます。人口比で考えると５４６人に一軒の割合で「酒場・ビアホール」が存在しています。驚くべきことに、今と同じような人口比率なのです。

久住　なんと！　酔っ払い天国になるわけだ。

飯野　居酒屋が誕生してからわずか60年くらいの間に、江戸の飲食業界トップの業種に成長したこ

ふぐの吸物

煮売屋の定番メニューで、寒い時季に好まれた。「芝浜」では、かつお節などは入れず、しょうさいふぐを水から煮出し、江戸の料理書にも登場するにんにくをごく少量加えて旨味を引き出す。

毒の危険を恐れながらもふぐ汁が普及。「御酒　御すいもの　ふぐ汁　どしやう汁（どじょう汁）」と書かれた煮売屋の看板。『忠臣蔵前世幕無』寛政6（1794）年。

とになります。こちらの図版は営業中の居酒屋を描いたものです（35ページ）。

久住　活気がありますねぇ。みんな楽しそう。店先には料理を盛った大皿が並び、蛸や魚が吊るされています。客はチロリから酒を注いでいますね。

飯野　提供するのは通年燗酒で、ごく熱燗、熱燗、上燗、ぬる燗といった燗のつき具合を示す言葉が生まれています。酒菜には吸物が好まれました。

久住　僕も味噌汁で呑めるたちだからその感覚はわかります。実際に、ふぐの吸物をいただいてみましょう。薄味でとても繊細。しっかり旨味があります。ビールとは成立しがたいけれど、燗酒となると途端にいい相性になります。

飯野　吸物は居酒屋の定番メニューで、ふぐは江戸湾でオールシーズン獲れたしょうさいふぐがよく使われました。牡蠣の吸物もよく飲まれています。深川の沖合で採れ、殻の堆積場が日本橋蛎殻町という地名に残っています。おからを入れた汁のから汁は二日酔いに効くとされていました。吉原帰りなんかに、から汁を飲んで迎え酒をやろうなんて、会話を交わす史料があります。

久住　そんな情景に憧れます（笑）。

飯野　同じ汁物でも、酒と飲むものは「吸物」と呼んでいました。おすましだろうと味噌味だろう

吸物と燗酒で　体はぽかぽか　沁みるね〜

ぶらぶらの種《たね》を
売《うっ》てる芋酒屋

幕末には居酒屋が多様化。「いも酒屋」も流行りました。

と関係なく、味噌仕立てなら「味噌吸物」と呼びます。対して、ご飯と合わせるものは「汁」と呼んでいました。懐石料理では、最初に出てくるものを「座附き吸物」「座附き肴」などと呼んでいました。今はお通し、突き出しなどと呼びますが、江戸時代は「座附き」です。いい呼び方ですよね。それらでまず一杯、続いて料理が出てくるわけです。

久住　図版にも居酒屋の看板に「すいもの」の字が見えますね（36ページ）。

飯野　当初は区別されていましたが、次第に居酒屋では吸物と汁の呼び方が混用されていきます。

久住　居酒屋はほかにどんな肴があったんだろう。

飯野　芋の煮ころばしですね。江戸で芋といえば里芋。さつまいもはそれほど流通していませんでしたし、じゃがいもが普及するのは基本的には明治以降でポピュラーではなかった。里芋は一年中保存がききましたしね。芋の煮ころばしは居酒屋の定番で、専門店の「いも酒屋」が結構あったのです。メニューは芋だけ。この絵のような盛り付けでね（39ページ）。

久住　江戸時代の絵のまんまだ。いただいてみましょう。味付けが素晴らしい！　これで呑むのが

いもの煮ころばし

この料理のみを提供する居酒屋「いも酒屋」まで現れたほど人気の酒の肴。里芋を転がしながら、醤油とみりんの汁がなくなるまで煮詰めたもの。粘りと旨味、ほっくりした滋味が広がる。

「おやぢばし　いも酒や」。芋を盛った皿とチロリで店の特徴を表している。「新版御府内流行名物案内すごろく」嘉永年間（1848～54年）。

わかるなぁ。ほかにはどんなものが？　別の図版には鍋のようなものが描かれています。

飯野　鍋は奈良時代には存在していて調理器具でしかありませんでしたが、江戸時代になると食器としても使われるようになります。魚鳥の肉と野菜を煮て、そのまま食卓へ出す鍋焼という料理が生まれます。やがて、鋳物の小鍋が量産されるようになり、小鍋を火鉢にかけて、少人数分で仕立てる小鍋立てに発展します。

久住　一つの鍋を煮ながら二人ないし、少人数でつつきながら食べるスタイルですね。身分制社会の江戸時代は基本的に一人前の膳が用いられて、各人の膳で食事をしますよね。現代のように鍋をみんなでつついて食べ合うことは異例なんですね。

飯野　江戸の食文化では、小鍋で恋人や夫婦、仲間同士など2、3人でつつくのが限界。一家団らんの大鍋立が行われるようになるのは、ちゃぶ台が普及した明治以降です。

久住　遊女と客が小鍋をつついている図版なんかも残されていますね。ずっと温かい状態で食べられるわけですから、画期的だったのでしょう。

鍋もの屋も江戸に出現。「ねぎま鍋」が居酒屋の人気メニューに。

飯野　いろんな種類の小鍋立てが登場して広く流行しました。江戸後期には、がん鍋屋やしゃも鍋屋、獣鍋屋など獣鳥類の肉を煮ながら食べる店も登場します。野鳥は好んで食べられていたのです。

久住　江戸料理の代表格にねぎま鍋もありますよね。今じゃ考えられないけれど、まぐろは下魚とみなされていたわけですよね。

飯野　値段が安く、まぐろ売りが町中を売り歩いていたくらいです。そこで江戸庶民は相性のいい長ねぎと一緒に煮て食べていました。それが「ねぎま」（葱鮪）と呼ばれるようになり、居酒屋にも登場します。大平椀に盛るスタイルから、ねぎま鍋としても提供するようになり、一躍人気メニューとなります。この図版では、登場人物が「ねぎにまぐろの匂ひ」に惹かれて店内に入っていっているので、客たちが食べている鍋料理はねぎま鍋と断定できます（41ページ）。ねぎま鍋を売り物にする居酒屋も現れました。

久住　いま、海原さんの渾身の料理のねぎま鍋が登場しました。これまた立派なまぐろ！　下魚とみなされていたとは思えない大ごちそうですね。江戸の人が楽しんだ気分を自分の中に想像しながらいただきましょう。

飯野　隔世の感がありますねぇ。

海原　当店では具を召し上がっていただいた後、鍋は下げていました。すると、お客様から残った汁はどうするの、飲みたいというご要望をいただ

ねぎま鍋を食べている二組の客。小鍋立てでも、ねぎまは煮ながら食べることは行われなかったようである。『大晦日曙草紙』六編　天保12（1841）年。

ねぎま鍋

江戸近海でもよく獲れたきはだまぐろや本まぐろを用い、ねぎと煮たもの。「芝浜」では天然本まぐろ、筒切りのねぎをかつお出汁で煮る。豊かな旨味に、鮮烈な香りの黒胡椒が絶好の相性。

き、今ではご飯にかけて汁かけ飯としてお出ししています。

久住　うわ、それも現代と同じだ。では、僕らもぜひいただきましょう。これだけいい出汁が出ていますからね。まずいわけがありません。

飯野　文献にはねぎまの〆に汁をかけたことはあ

「汁かけ飯」も江戸の味です。胡椒めしで酒宴をしめるのが最高です。

まり出てこないのですが、実際には食べていたのかもしれません。

久住　食べていましたよ、絶対（笑）。わざわざ料理として書き残すことがないほどに日常的な食べ方だったのでは。そういうものも多かったはず。

飯野　鍋の〆方は不明ですが、江戸の町には茶漬け屋があちこちにあります。図版には、供の者を連れた武士が店へ入るところが描かれ、「旦那、お茶漬はわたくしへも下さりますか。先刻、酒屋では旦那ばかり、わたくしへは見せておいてまぐろの刺身で、さもうまそふに御酒をめしあがる」とあり、居酒屋に寄ってから茶漬け屋に来たことがわかります（43ページ）。〆に食べる点は変わりませんね。

海原　汁かけ飯には胡椒《こしょう》をどうぞ。するのではなく叩いて割ることで辛味も香りも鮮烈になります。

久住　素晴らしい……！　江戸で胡椒を食事に取り入れているのが不思議な感じがしますが、旨味がしみ出た汁にすごく合います。胡椒の魅力が全開。呑んだ〆にこんなことされたら、もう（笑）。枝豆に始まり、〆の汁かけ飯までいただいて感無

白ご飯に出汁をかけた〆のご飯。かつお出汁にまぐろの油やコクがしみ出た豊かな旨味の汁を余すところなく味わう。ピリリと鮮烈な風味の黒胡椒が絶好の相性。

お茶漬けを売りにする「茶漬見世」に武士と供の者が入るところで、こういった情景はよく見られたという。『金儲花盛場』文政13（1830）年。

量です。先生が江戸時代の食文化を調べて、歴史や生活の背景を踏まえてつぶさに解明していくことは、江戸っ子の舌、江戸っ子の好みを探ることと同じだと思うのです。今日はそれを体験できてとてもよかったです。

飯野　日々、史料を読んでいて、味についての表現はいろいろと書かれたものを目にします。でも、あくまで想像するだけで食べられません。味は消えてしまうもの。後世まで残すことはできませんから。それを今日は、海原さんのように再現する料理人のおかげで味わうことができて僕にとっても貴重な体験でした。久住さんとの楽しい江戸呑みに感謝します。

写真中央が「江戸前 芝浜」主人の海原 大さん。

「酒《さか》菜《な》」質実。江戸の味の作り方、楽しみ方

料理

海原大

「江戸前 芝浜」主人

呑める鮨

鮨で呑むのが好きなあなたに
おすすめしたいのが、江戸の鮨。
鮨を〝押す〟、鮨を〝巻く〟ことで熟《な》れさせる。
だから旨味が増して酒によく合う。
酢飯のお酢は、酒粕を発酵させてつくる
「赤酢」を使うから、
口当たりもやさしく、風味も豊か。
一方で、酢飯を使わない鮨もあって
これが滅法、酒に合う。
江戸の「呑める鮨」をお楽しみあれ！

「燈《とう》籠《ろう》売は
世帯の闇を照し
こはだの鮓《すし》は
諸人の酔を催す

平賀源内『根南志具佐』
宝暦一三（一七六三）年

小肌鮨

小肌《こはだ》は鮨のための魚であり、
そして小肌の鮨は
酒のための鮨である。
江戸の人びとは
この小肌の押し鮨を、
横町から横町へと売り歩く
すし売りから買い求め、
酒の肴にしていた。

酢飯に色がついているのは赤酢を使っているから。赤酢とは酒粕を発酵させてつくるお酢で、江戸時代後期に三ツ判山吹が人気になり、鮨にはこれが主に使われていた。酢飯は、炊きたてのご飯1合分を半切り（すし桶）などにあけ、赤酢30mlに塩小さじ1を加えて混ぜ合わせる。

材料

酢締めの小肌 … 5尾分
酢飯 … 1合分

つくり方

❶水拭きした押し鮨の箱に、2cmくらいの高さまで酢飯を詰める。

❷酢飯の上に小肌を並べる。

❸江戸前芝浜では美しく斜めに置いているが、家庭では平行に置くことでも構わない。

❹押し蓋をのせ、まんべんなく押す。

❺押し蓋に重石をのせ、30分以上置く。

❻重石を外し、蓋を抑えながら枠を外す。

❼食べやすく切り分ける。酢飯には、ごま、生姜千切りなどの薬味を混ぜてもおいしい。

江戸の鮨は自由自在

意外な鮨の歴史

鮨はもともと、塩漬けにした魚の身と飯を桶に入れて重石をし、長時間発酵させた漬け物だった。その漬け物のすしが、酢飯とネタの組み合わせの鮨（鮓）に変わるのは江戸時代に入ってから。とは言っても、現在のような握り鮨が誕生するのは、江戸も後期のことで、文献で確認できるのは、文政一〇（一八二七）年に発表された川柳「妖術といふ身で握る鮓の飯」が、今のところ一番古い。鮨を握る手つきが、妖術使いが印を結ぶ姿に似ていることを詠んだ一句だ。

酢飯とネタを組み合わせたスタイルの鮨のうち、最初に登場したのは「押し鮨」だった。今も京阪には江戸時代から続く老舗の押し鮨屋が残っているが、江戸でも鮨といえば当初は押し鮨。握り鮨の元祖といわれることの多い「安宅の松がずし」（松がずし、安宅の松公、松鮓、松が鮓、いさごずし、とも）は、実は押し鮨の店であったことが近年明らかになっている。同じく元祖といわれることの多い與兵衛鮓も、押し鮨の店としてスタートしたことがわかっている。

押し鮨が広まっていく中で、鮨には酢飯を使うことが標準となる。また、押し鮨を庖丁で切って出すのではなく、ほぐして皿に盛りつける「おこし鮨」（後で紹介する、鯛の香のもの鮨や山家《さんか》鮨など）や、海苔やゆばなどで酢飯と具を巻く「巻き鮨」も現れる。江戸の町で握り鮨が誕生する前は、こうした握らない鮨がメジャーな鮨だった。

巻き鮨屋あらわる

おこし鮨も、巻き鮨も、専門店ができるまでになり、山東京伝作の戯作絵本『気替而戯作問答』（文化一三〈一八一六〉年）には、そば屋、天ぷら屋、蒲焼屋と並んで、巻き鮨屋が登場し、これらの食べ物の前では修行を重ねた高僧たちといえども我慢できないだろう、などと書かれている。

巻き鮨屋は江戸中期にはあったようで、江戸市中の飲食店を紹介したガイドブック『七十五日』（天明七〈一七八七〉年）には、「志き嶋屋勝三郎」という巻き鮨の店が載っている。

この店の品書き（53ページの図）を見ると、笹

松が鮓の折詰め。海老の鮨、玉子巻き鮨の下にあるのは、鯖の押し鮨と言われている。「縞揃女弁慶」弘化元（1845）年。

巻き鮨

江戸の巻き鮨いろいろ。上から時計まわりに、海苔、ごま、かんぴょうを混ぜ込んだ酢飯を玉子焼きで巻いた玉子巻き。玉子焼きにはすりおろした山芋、なめらかにすりつぶした豆腐が入っている。隣は煮穴子、かんぴょう、玉子焼き、芹、煮あわびを巻いた太巻き。ご存知かんぴょう巻き。そして芝海老のそぼろを巻いた鉄火巻き。今は鉄火と言えばまぐろだが、江戸時代は芝海老の身を煮て崩したそぼろを、身を持ち崩した鉄火者とかけて鉄火と呼んだ。

巻きすし、海苔巻きすし、玉子巻き、ゆば巻きなどの巻き鮨のほか、梅が香（115ページ）、魚せんべい、胡椒せんべい、唐辛子せんべい、焼き塩せんべい、梅干しせんべいなど、酒の肴になりそうなものばかりを置いている。江戸の人びとは、こうした店で巻き鮨を買い求め、晩酌の肴にしていたのではないだろうか。

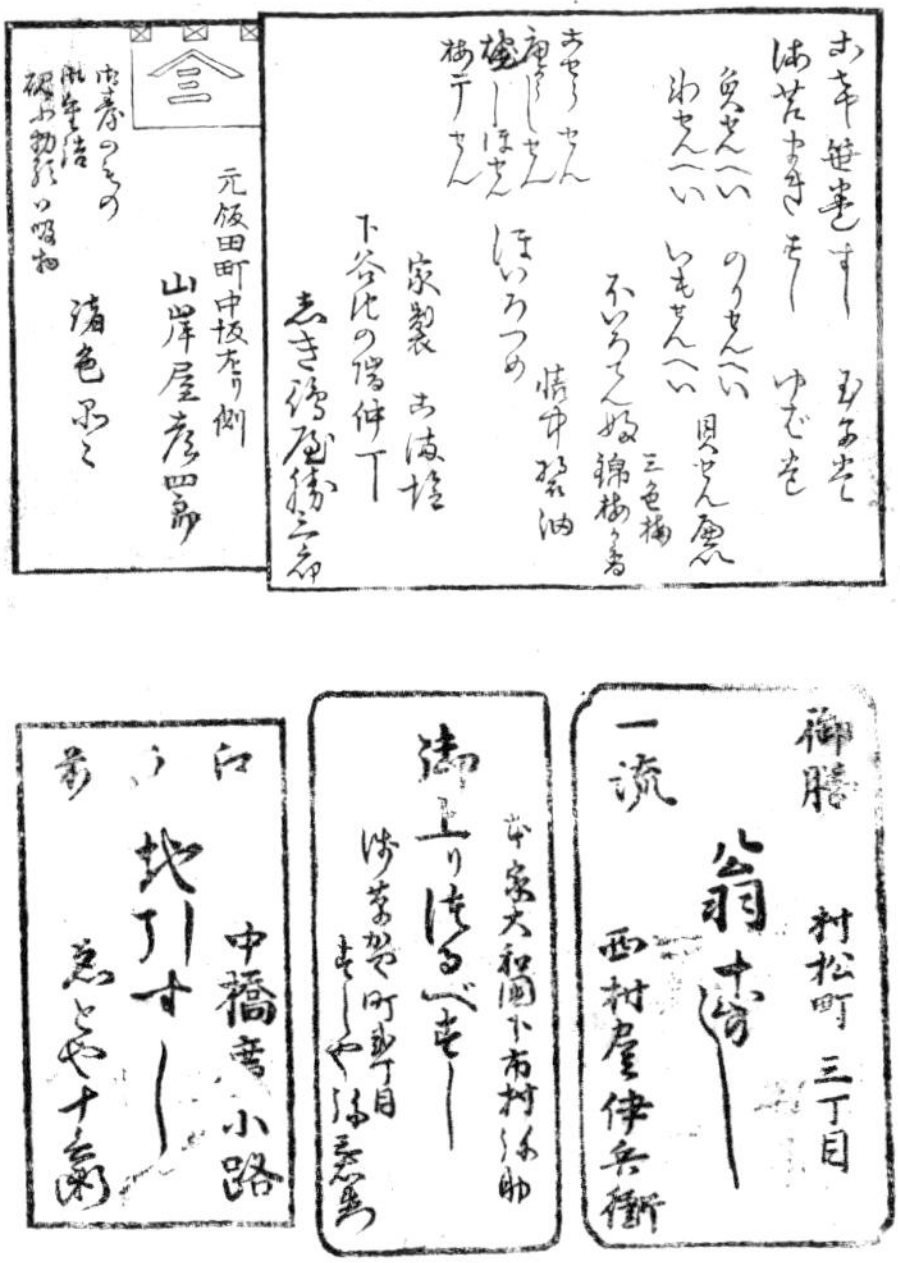

海苔巻き鮨、笹巻き鮨、玉子巻き鮨、ゆば巻き鮨などの巻き鮨以外にも、魚せんべい、胡椒せんべいなども売る「志き嶋屋勝三郎」。酒の肴になるものばっかり。『七十五日』天明7（1787）年。国文学研究資料館所蔵。

握り鮨誕生前夜の鮨シーン

握り鮨が生まれる前に流行した鮨にどんな具が使われていたのかを具体的に見ていこう。まずは押し鮨。この花形は、なんといっても小肌。江戸の昔から変わらぬ、江戸前鮨の王者だ。小肌は鮨のための魚と評されるが、その小肌の鮨は酒のための鮨だった。平賀源内は、ベストセラーとなった黄表紙『根南志具佐』（宝暦一三〈一七六三〉年）の中で「こはだの鮓は諸人の酔を催す」と書いている。その一方で、小肌は天ぷらにしても抜群なのは133ページのとおり。

そのほか、江戸時代の押し鮨には「こけら（柿）鮨」がある。酢飯の上に敷き詰められ、押しをかけられて平たくなった具が、こけら葺の屋根に似ていることからこの名がつけられた。具には鯛、鮑《あわび》、赤貝などの魚介類のほか、松菜、木耳《きくらげ》、栗、薄焼き卵、筍、椎茸、三つ葉などが使われている。魚介類に野山のものを組み合わせるのが特徴だ。

散らし鮨の誕生

これらの押し鮨を鮨型から抜いて切り分けるのではなく、匙《さじ》で掘り起こして皿に盛り付けて出したのが、前述の「おこし鮨」だ。店によっては「すくい鮓」などの名前で売られた。これが江戸ではその後、押しをかけずに酢飯に具を合わせる五目散らし鮨へと進化する。『守貞謾稿』には、「飯に酢・塩を加ふことは勿論にて、椎茸・木耳・玉子焼・紫海苔・芽紫蘇・蓮根・笋《たけのこ》・蚫《あわび》・海老・魚肉は生を酢に漬けたる等、皆細かに刻み飯に交へ丼鉢にいれ、表に金絲玉子焼などを置きたり」とある。今でも、甘く炊いたかんぴょうや椎茸、酢蓮などが散らし鮨の具として使われるが、これは江戸時代の名残だろう。

江戸時代の巻き鮨は具沢山

巻き鮨は、今では一つの具を巻くことが主流となっているが、江戸時代の巻き鮨は具沢山だったようだ。さまざまなご飯もののレシピを載せた『名飯部類』（享和二〈一八〇二〉年）には、鯛、鮑、椎茸、三つ葉、芽紫蘇の類を用いるとある。巻き鮨が握り鮨と一緒に出されるようになると、江戸ではかんぴょうだけを巻くかんぴょう巻きが主流になっていくが、京坂では酢飯に椎茸と独活を入れるとあることから（『守貞謾稿』）、複数の具を巻く風も江戸後期まで残っていたようだ。

現在では、鮨には生の魚が必要という考えが支配的だが、この後にレシピを紹介する「鯛の香のもの鮨」（『鯛百珍料理秘密箱』天明五〈一七八五〉年）にしても、「山家鮨」（『料理簡便集』文化三〈一八〇六〉年）にしても、江戸時代の人びとは頭が柔らか。自由自在に鮨をつくって楽しんでいた様子がうかがえる。

江戸名物「鯖巻鮨」

鯖寿司といえば京都が名高いが、江戸時代には江戸でも鯖寿司が盛んにつくられた。なかでも高級寿司店として知られた松が鮓の鯖寿司は有名で、明治に入ってもその名声は変わらなかった。『東京名物志』（明治三四〈一九〇一〉年）には「第六天神前（現浅草橋一丁目）の『安宅の松寿司』と云へば、江戸時代より著名にして、今尚鮓屋の泰斗なり〈中略〉殊に鯖の巻鮓は此家の専売品とす」と書かれている。京坂では、脂ののった若狭の鯖が使われているが、江戸の鯖はごま鯖など、小型の鯖が丸のまま使われていたようだ。

鯖巻鮨

鯖寿司は、江戸でも盛んにつくられていた。京都の鯖の棒鮨との違いは、酢飯をきれいに巻き込んだ巻き鮨になっていること。江戸前 芝浜の鯖巻鮨は、酢飯に胡麻と海苔が混ぜ込んである。

鯛の香のもの鮨

たくあんと
しめた小鯛の
思わぬ好相性に
酒がすすむ

トロたくに先んじることおよそ二百年前の大発明。これぞ江戸の定番鮨。

たくあんは昔ながらの糠漬けを使いたい。甘く味付けたものでは台無しになる。

材料

酢飯 … 1合分
小鯛 … 1尾
酢 … 適量
たくあん … 20g
生姜 … 繊切りを少々
煎り胡麻 … 少々

つくり方

❶小鯛を三枚におろし、両面にうっすら塩を振って、3時間ほど置く。

❷小骨を抜き、塩を酢水で洗い、新しい酢に10分ほどつける。

❸ザルに引き揚げて水気を切り、細切りにしておく。

❹たくあんは薄めの小口切りにし、さっと水洗いし、絞っておく。

❺酢飯に、③、④、生姜の繊切り、煎り胡麻を混ぜ合わせる。

❻⑤を押し鮨の箱に詰め、蓋、重石をのせて30分以上置く。布巾やラップに包み身近な物で挟むように押しをかけてもよい。

❼鮨をほぐして、器に盛る。仕上げに三つ葉、海苔を散らしてもよい。

鯵の干物の山《さん》家《か》鮨

これぞ呑める鮨。江戸呑みのための散らし鮨の絶品

山家鮨とは、酢飯ではなく、具の魚介に酢で味付けをし、押して熟れさせる江戸の味。干して焼いた鯵に酢をまぶし、ご飯と混ぜて押すから、酒によく合う。白身魚の中骨を塩焼きにしても旨い。

材料

ご飯 … 1合分
鯵 … 小さめのもの1尾
大葉 … 繊切り5枚
長ねぎ … 繊切り3cm
生姜 … 繊切り5g
みょうが … 繊切り½個
煎り胡麻 … 少々
酢 … 30ml前後
塩 … 適量

つくり方

❶鯵は鱗、ぜいご、わたを除き、1.5%の塩水に3時間ほどつける。

❷鯵の水気を拭き、軽く干す。干物、一夜干しでも代替可。

❸鯵をグリルなどで焼く。

❹身をほぐし、酢を加えて混ぜ合わせる。

❺大葉、長ねぎ（芯を除く）、生姜、みょうがは繊切りにし、水にさらして絞っておく。

❻人肌に冷ましたご飯に、④、⑤と煎り胡麻を混ぜ合わせる。

❼⑥を押し鮨の箱に詰め、蓋、重石をのせて30分以上置く。布巾やラップに包み、身近な物で挟むように押しを掛けてもよい。

❽鮨をほぐして、器に盛る。

鮭ときのこの山家鮨

季節の食材を
ふんだんに盛り込むのが
江戸呑み流だ

山家鮨は『料理簡便集』という料理書に掲載されているもの。原書では魚を「焼魚」としか指定していない。こちらは海原大さんが、現代でもつくりやすい、お店でも人気の味を公開してくれた。

材料

ご飯 … 1合分
塩鮭 … 切身1枚
　尾かカマがおすすめ
きのこ … 好みの物
　数種類を適量
長ねぎ … 繊切り3cm
生姜 … 繊切り5g
煎りごま … 少々
銀杏 … 適量
酢 … 30ml前後
塩 … 適量

つくり方

❶塩鮭をグリルなどで焼き、身をほぐす。

❷きのこに油をまぶし、アルミホイルにのせてグリルなどで焼く。軽く塩をまぶす。

❸ほぐした鮭ときのこを酢で和える。

❹長ねぎ（芯を除く）と生姜は繊切りにし、水にさらして絞っておく。

❺人肌に冷ましたご飯に、③、④と煎りごまを混ぜ合わせる。

❻⑤を押し鮨の箱に詰め、蓋、重石をのせて30分以上置く。布巾やラップに包み、身近な物で挟むように押しを掛けてもよい。

❼鮨をほぐして、器に盛り、塩水でゆでた銀杏を散らす。

花見酒と玉子焼き

歌川広重『江戸名所圖會 飛鳥山』弘化頃(一八四三〜四六年)

お花見が
春の行楽の筆頭に挙がるのは
江戸時代から変わらないこと。
桜を愛でながら、
屋外でも燗をつけて酒を愉しみ、
三味線とともに唄う。
必携のお弁当には、
何はなくとも玉子焼き。
それも、今も変わらない光景である。

冷めてなおうまい。
花見弁当に
必須の酒菜

芝海老入り玉子焼き

甘辛いだけが江戸の味にあらず。『料理簡便集』には醤油味の玉子焼きが登場する。「芝海老の旨味や長ねぎの風味がしみ出て、スペイン風オムレツのようだと驚きました」と海原さん。

材料

玉子 … 4個
芝海老むき身 … 50g
（車海老やお好みの海老で可）
長ねぎ（小口切り）… 1本分
醤油 … 20ml
片栗粉 … 大さじ1
油 … 適量

つくり方

❶芝海老は包丁で細かく刻み、ボウルに入れ、ねぎ、醤油、片栗粉と合わせる。

❷別のボウルに玉子を割りとき、①に加えてよく混ぜる。

❸玉子焼き鍋を熱して油をひき、②をすくって鍋全体に薄く広げる。火が通ったら奥側から手前に巻き、焼いた玉子を奥側に移し、再び油をひいて残りを入れて香ばしく焼き上げる。

玉子焼きは江戸の贅沢料理

江戸から変わらず
花見弁当の主役をはる

桜を愛でる花見は豊臣秀吉の吉野の花見や、醍醐の花見などでも知られるが、庶民の行事として浸透したのは江戸時代になってのことだ。八代将軍吉宗は、享保年間（一七一六～三六年）に、隅田川の東岸に百本、南品川の御殿山に六百本、飛鳥山に千本の桜を庶民の鑑賞のために植樹。なかでも飛鳥山には、享保五、六（一七二〇、二一）年に、桜の苗木を江戸城内から移植し、上野をしのぐ花見の名所となった。

数々の図版で見られるように、人々は燗酒をつける道具や徳利を携え、弁当と温かい酒を味わい、歌って踊ってと賑やかに楽しんだ。『料理早指南』二篇（享和元〈一七一六〉年）に花見重詰の献立が記されている。富裕層向けの豪華な重詰は以下のようにある。

一の重　詰合《つめあわせ》／9種（かすてら玉子、わたかまぼこ〈鮑の青わたを入れた蒲鉾〉、わか鮎《あゆ》色付焼、むつの子、早《はや》竹の子旨煮、早わらび、打ぎんなん、長ひじき、春がすみ〈寄物〉）

二の重　引肴《ひきざかな》（蒸かれい、桜鯛、干大根、甘露梅）

三の重　ひらめとさよりの刺身、しらがうど、わかめ赤酢みそ敷《しき》

四の重　蒸物（小倉野きんとん、紅梅餅、椿餅、薄皮餅、かるかん）

割籠《わりご》　焼飯（焼おにぎり）、よめな、つくし、かや（小口の浸物《ひたしもの》）

玉子料理は一の重に記され、主役級だったと察せられる。日本で鶏卵の料理法の記録が見られるのは江戸時代からで、後期には採卵のために飼育された。天明五（一七八五）年春には、『玉子百珍』と呼ばれる『萬宝料理秘密箱』が刊行され玉子料理がさらに広まる。同年秋に刊行された『萬宝料理献立集』には、酒の肴、吸物などまで玉子一色で組み立てた献立例が列記してある。『守貞謾稿』には茹卵売の記載があり、幕末には庶民の食生活に浸透していたことがわかる。

お花見の座に、目の不自由な男性が突入してしまっている。お弁当と徳利はひっくり返り、皿は割れてしまうが、一同楽し気な様子。歌川広景『江戸名所道戯』安政6（1859）年。東京都立図書館蔵。

冷やしものと本直しで夕涼み

江戸っ子の夕涼みといえば
隅田川に浮かぶ屋形船に乗り込み、
仕出し料理を肴に乾杯と洒落込もう。
暑さも味方にする料理とお酒といえば
冷やしものと本直しが最強のペア。
さて、それはどんなものなのか？

焼酎カクテルで
涼やかに乾杯！

梅蝶楼国貞（二代目国貞）『源氏姿涼の図』慶応元（1865）年。国会図書館所蔵。

冷やしもの

「冷し物 大こん、うり、なすび、はす、黒ぐわい、りんご、もも、すもも、あんず、くり、なし、此外いろいろ時の景物よし」

『料理物語 第16章 さかな』寛永二〇（一六四三）年

本直し

錦絵『源氏姿涼の図』（69ページ）に描かれるのは、夏の隅田川に浮かぶ屋形船、いわば納涼船で花火を楽しむ人々。徳利を手にお酒をすすめる芸者の前に置かれた深鉢が、野菜や果物を一口大に切って冷水に浮かべた「冷やしもの」だ。右ページの男性が手にしている脚付杯に注がれているのが、米焼酎を同量のみりんで割った「本直し」。甘い口当たりで、呑めばひんやり涼しくなるという。まるで、夏ならではのカクテルのようだ。

冷やしもの

目でも涼を呼ぶ粋な夏の風物詩

なす、白瓜、冬瓜、じゅんさい、新れんこんなどの夏野菜や、すいかや梨、桃などの果物を食べやすい大きさに切り、深鉢に張った冷水に浮かべた料理。室町時代から食べられていて、元禄（一六八八〜一七〇九年）の頃からは「水の物」「水物」と呼ばれるようになった。江戸時代には、塩のみならず、酢醤油と辛子を付けて味わっていた。風に吹かれながら船上で味わったらさぞ涼しくなるだろうと想像できる。

材料

すいか、冬瓜、じゅんさい、なすなどの好きな野菜や果物 … 適量
醤油
辛子

つくり方

材料を一口大に切り、冷たい水に浮かべる。瓜類や夏が旬の野菜や果物など、好みのものを好きな分量入れてよい。辛子醤油を添える。

本直し

飲み口は甘く、お腹も心もさっぱりするお酒

焼酎を同量のみりんで割るカクテル的アルコール。采遊著『酔姿夢中《すいしむちゅう》』（安永八〈一七七九〉年）にこんな描写が出てくる。「日頃きらひの酒なれとも暑気はらいに少しはよかろうと角の酒屋へ寄《より》本直し少《すこし》とでんかく一本出させてのみくひするにかの酒咽《のんど》を通るやいな腹中すゞしく心せいくとして」。「暑気払い」「腹中が涼しく」という内容から、夏の熱気を拭い去るドリンクだったことが察せられる。

材料

米焼酎
本みりん（三河みりん）

つくり方

冷やした米焼酎とみりんを同量合わせて、グラスに注ぐ。「江戸前 芝浜」では減圧蒸留の米焼酎「萬緑」を使用。

江戸のおいしい夏の知恵

夕涼みや川遊びに冷やしもの。江戸っ子は粋に涼を取る

江戸の夏は、五月二八日の両国川開きの花火から始まる。享保一八（一七三三）年、両国で大花火の第一号が打ち上げられて以降のことだ。運河や水路がめぐる江戸の町では、夕涼みは川沿いへ。人気の盛り場である両国橋のたもとには商店や縁台を置いた水茶屋（茶見世）が並び、それは賑やかな光景が広がっていた。

屋形船も盛んで、仕出しの料理や酒菜、料理を売るうろうろ舟から買ったつまみでお酒を楽しんだ。川面を吹く風はさぞ涼しかったことだろう。というのも、飯野さんによると、現代と比べると気候条件が異なっていたようである。

「江戸後期は小氷河期といわれるくらい涼しい時代でした。さらに、夕方になると江戸の町には海からの風が吹いてきます。高い建物がなく、アスファルトの道路のように熱がこもらず、水打ちをすればなお涼しい。氷がなくても、井戸水は結構冷たかったのです」

江戸っ子たちは呑み食いにおいても巧みに涼を取った。冷やしものはその一つだ。新鮮な鮑《あわび》を角切りにして冷たい塩水に浮かべる水貝も、冷やしものの一種である。

一方、江戸の町に下り酒のみならず焼酎も流通していた。種類は、酒粕で造る粕取り焼酎ではなく米焼酎。江戸の暮らしに欠かせない調味料、みりんを造るには米と米麹で造った米焼酎が必須で、飲用としても流通していたのだ。

冷たさを求めるだけではない、目にも涼やかな江戸っ子らしい粋な食の知恵に感服である。

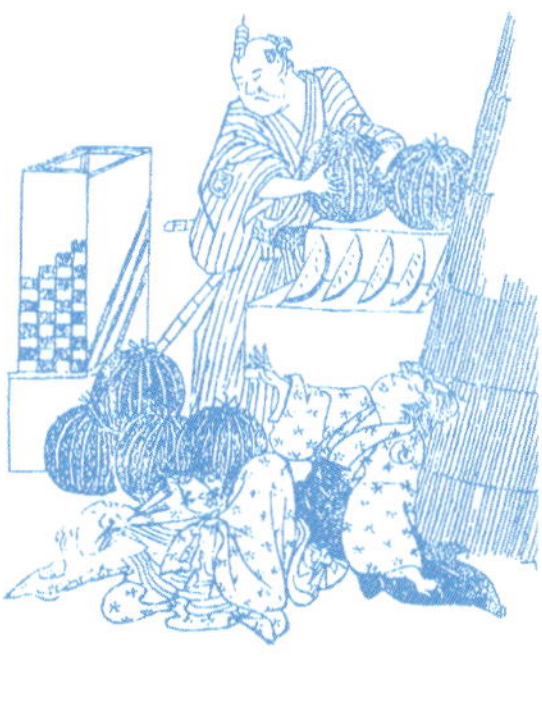

『東京美女そろひ　柳橋きんし』明治元（1868）年／味の素食の文化センター所蔵

鍋は小鍋立て

鍋ものが生まれたのは
「吉原」だった！
家族で寄せ鍋を
囲むようになったのは明治時代。
卓袱台が家庭に普及してからだ。
それ以前は、どんな鍋ものが
楽しまれていたのか？
飯野亮一先生に教わりました。

遊女としっぽり。鍋の始まりは小鍋立て

飯野亮一先生に聞く「鍋もの」の歴史

「意外ですよね?」

はい、意外ですとも！　鍋ものは昔から家族や仲間でワイワイ楽しむ料理だと思い込んでいましたから。まさか、遊女としっぽりがはじまりだなんて。どういう訳なんでしょう、飯野先生！

「その前に『鍋もの』の定義からお話ししましょうか。鍋ものとは『鍋料理』のことですが、鍋料理とひと口に言っても、大きく3つに分けられます」

3つとは、①鍋で煮る料理、②鍋で煮てそのまま出される料理、③鍋で煮ながら何人かで直箸を入れて食べる料理。①が最も古く、奈良時代にすでに鍋を使って料理していた記録が残っている。調理道具兼食器として鍋を使う②は江戸時代に入ってからのこと。当時は味噌や醤油で煮たものを鍋ごと提供していた。③は②が発展したもので、江戸中期にこの食べ方を表す「小鍋立て」という言葉が生まれている。

「小鍋立てとは、小さな鍋を火鉢にかけ、煮ながら二人差し向かいで食べる料理です。これが現在の鍋ものが普及するきっかけとなりました」

鍋ものの歴史は理解できたが、それがなぜ家庭ではなく、遊廓で発展したのか。そこには江戸時代の家長制度が影響している、と飯野先生は話す。

「江戸時代の身分制社会は家庭内でも例外がなく、食事のときは一人用の膳が使われ、家長が上座に座り、長男以下が続いて座りました。食事中は会話や脇見もタブー。そんな時代に一つの鍋をつっつき合う小鍋立ては画期的で、遊女との親密さを感じさせるには最高の食べ方だったのでしょう」

なるほど。

鍋もの誕生にはこんな背景があったのだ。では、どんな具を使い、どんな味つけをした「小鍋立て」を、江戸っ子たちは味わっていたのか。当時の文献を紐解きながら探ってみよう。

青菜と油揚げの小鍋立て

（吉原の）部屋の献立は、醤油一合にして鰹節是一本、青菜は油揚と共に土鍋に煮へ

『よるのすかかき』明和年間（一七六四〜七二年）頃

吉原とは、江戸幕府公認の遊廓のこと。「小鍋立ては、ここからはじまったと思います」と飯野先生。一つの鍋を二人でつっつき合う親密さが受け、広まっていった。明和六（一七六九）年刊の平賀源内の著書『根無草後編』に「居つづけは、浴室を覚え、雪の旦《あした》の小鍋立」とあるように、明和年間の頃から小鍋立てが語られるようになる。

吉原のことなど江戸の風俗を記した『よるのすかかき』には、吉原での鍋の具は、青菜と油揚げとある。青菜は、小松菜か、かぶや大根の葉か、芯取菜という今でもある江戸野菜と思われる。食材は案外質素だったようだが、画像のように遊郭の酒器は上質な塗りものを使っていた。

『時花兮鸚茶曽我』安永9（1780）年

鴨の玉子とじ鍋

『串戯しつこなし（後編）』文化3（1806）年

遊廓の文化だった小鍋立てが、やがて家庭にも浸透していく。十返舎一九の『串戯《じょうだん》しつこなし』後編には、夫婦仲睦まじく小鍋立てで晩酌を楽しむ様子が描かれている。写真のように、安永年間（一七七二〜八一年）の頃に鋳物製の浅い小鍋がつくられ、土鍋に代わって利用されるようになる。挿絵の鍋も鋳物のように見える。

当時の鴨は「真鴨」で「青首」とも呼ばれ、旨味が豊かで江戸の人々に好まれていた。卵は高価な食材だった。そば十六文の時代にゆで卵は二十文もした。鴨も卵もいわば身分の高い食材同士。『串戯しつこなし』の夫婦はなかなかの食通だったようだ。食べ方は、卵が半熟になったら火を止めて、ふわふわを楽しむ。かつお出汁と鴨の旨味で燗酒がすすむ。

世間から羨まれるほどの
睦まじき中、
二人寝酒の小鍋立て、
ちんちん鴨の玉子とじ

『串戯しつこなし（後編）』文化三（一八〇六）年

しゃも鍋

京坂はかしわと云ふ鶏を葱鍋に烹て食すこと専らなり。江戸はしゃもと云ふ闘鶏を同製にして、これを売る

『守貞謾稿』嘉永六（一八五三）年頃

江戸時代も後期になると小鍋立ては居酒屋でも供されるようになり、専門店も増えた。雁や鴨など野鳥の鍋が人気だったが、乱獲で減少したため、「しゃも」や「かしわ」が食べられるようになる。しゃもは闘鶏用に飼われていた鶏。かしわは日本古来の鶏の一種とされている。

長谷川深造が描いた『坊主の暹羅鶏《しゃも》やと獣肉屋』の「ぼうずのしゃも」とは、東両国の回向院近くで江戸時代に創業した、現在でも同所（東京都墨田区両国一丁目）で営業を続けている「ぼうず志やも」のこと。同店のしゃも鍋は味噌味の割下を使ったすき焼き風。今回は、酒によく合う、しゃもの骨から出汁を引いた塩味の鍋をご紹介。江戸時代は鍋に直接箸をつけて食べていたが、今の時代であれば、小鉢にとり、大根おろしをのせて醤油をかけるものいい。

『坊主の暹羅鶏やと獣肉屋（実見画禄）』幕末から明治維新頃

牡丹鍋

凡そ肉は葱に宜し。
一客一鍋。
火盆《ヒバチ》を連ねて供具す。
大戸《ゼウゴ》は酒を以てし、
小戸《ゲコ》は飯を以てす

『江戸繁昌記（初篇）』
天保三（一八三二）年

『たねふくべ』三集　弘化2（1845）年

江戸時代、獣肉は「薬喰い」と称して食べられていたとされているが、それは名目だけで本当は味が好まれていたようだ。やがて獣肉の吸物を出す「獣肉屋」が出現し、幕末の頃には獣肉の小鍋立てが流行する。獣肉とは、主に猪と鹿の肉。猪を「牡丹」、鹿を「紅葉」と言い換え、看板にも牡丹や紅葉の絵が描かれていた。江戸の風俗を記した『たねふくべ』の挿絵にも「冬枯れにもミぢと牡丹真ッさかり」という川柳が添えられている。

『江戸繁昌記』には「葱」と記されているが、せりやごぼうもよく食べられていた。味噌仕立てが江戸の味で、江戸時代の味噌を再現した日出味噌醸造元の「江戸味噌」でつくるのが海原大さんのおすすめ。その場合は、みりんは加えず、味噌をレシピの倍量にするといい。

ねぎま鍋

江戸時代、まぐろは下魚の扱いだった。現在の相模湾や千葉などの海で、夏はきはだ、冬から春にかけては本まぐろがよく捕れたようだ。「ねぎま」は居酒屋の人気メニューで、名前のとおり長ねぎとまぐろを煮た料理。鍋で提供する店も現れたが、小鍋立てと異なるのは、煮炊きしたものを鍋ごと出すこと。『大晦日曙草紙』の挿絵のように盆に直接置いていた。肉と違い、冷めてもおいしいからだろう。「脂っこいトロは捨てていた」といわれるが、食材を無駄にしない江戸っ子のこと、トロはねぎまに使っていたはずだ。

落語の「ねぎまの殿様」よろしく、長ねぎは筒切りで楽しみたい。ただし、ねぎ鉄砲にはご注意を。まぐろは、本まぐろ、きはだ、めばちなど、それぞれに違ったおいしさが楽しめる。薬味は黒胡椒がよく合う。

おいらはやっぱり、
ぞくにねぎまで
あつかん（熱燗）がてん（点）だ

『花東頼朝公御入』寛政元（一七八九）年

『大晦日曙草紙』六編　天保12（1841）年

青菜と油揚げの小鍋立て

材料

青菜 … 1束
油揚げ … 1枚

八方出汁
- かつお出汁 … 1000ml
- 濃口醤油 … 100ml
- みりん … 50ml

つくり方

❶青菜は茎と葉に切り分ける。大きければ食べやすい長さに切る。油揚げは細切りにする。

❷鍋に八方出汁の材料を入れて中火にかけ、ひと煮立ちさせてアルコールをとばす。

❸青菜、油揚げを加えて煮る。

しゃも鍋

材料

しゃも肉 … 約350g
(胸肉、もも肉各150g、ささみ1本)
長ねぎ(白い部分) … 1本
卵白 … ½個分
塩 … 適量

しゃも出汁
- しゃもの骨(湯通ししたもの) … ½羽分
- 水 … 1000ml

つくり方

❶しゃも肉の胸肉とささみは筋を取り除き、厚みを均一にする。もも肉は包丁でたたき、塩少々を加えて練り混ぜる。粘りが出たら卵白を加え、さらに混ぜて食べやすい大きさのだんご状に丸める。

❷長ねぎは斜め薄切りにする。

❸鍋にしゃも出汁の材料を入れて中火にかけ、煮立ったらあくを取り、弱火にして30分〜1時間煮る。出汁を漉し、再び鍋に入れて中火にかけ、塩ごく少々を加えて味をととのえる。しゃも肉、長ねぎを食べる分ずつ煮る。

小鍋立てなら
一人で呑んでも
幸せだ。

鴨の玉子とじ鍋

つくり方

❶鴨胸肉は赤身、皮、脂身に切り分け、小さめの一口大に切る。胸肉の端肉ともも肉は包丁でたたき、食べやすい大きさのだんご状に丸める。長ねぎは斜め薄切りにする。卵は割りほぐす。

❷鍋に合わせ出汁の材料を入れて中火にかける。煮立ったら長ねぎ、鴨肉の順に入れ、火が通ったら溶き卵でとじる。

材料

鴨胸肉 … 70g
鴨もも肉 … 70g
長ねぎ … 10cm
卵 … 2個

合わせ出汁
- かつお出汁 … 200ml
- 濃口醤油 … 20ml
- みりん … 20ml

牡丹鍋

つくり方

❶ごぼうはささがきにする。せりは長さ3cmに切る。

❷味噌出汁をつくる。酒は小鍋に入れて煮切り、水とともに鍋に入れて中火にかける。煮立ったら、火を止めて、花かつおを加えて漉す。再び鍋に入れて中火にかけ、味噌を溶き、みりん、醤油で調味する。

❸味噌出汁が温まったら、ごぼう、猪肉を食べる分ずつ煮て、せりもさっと煮る。

材料

猪ロース肉（薄切り）… 200g
ごぼう … ⅓本
せり … ½束

味噌出汁
- 酒 … 500ml
- 水 … 500ml
- 花かつお … ひとつかみ
- 味噌（あれば江戸味噌）… 50g
- みりん … 50ml
- 濃口醤油 … 少々

ねぎま鍋

つくり方

❶まぐろは10等分に切る。長ねぎは長さ3cmに切る。

❷鍋に合わせ出汁の材料を入れて中火にかける。煮立ったら長ねぎを加え、火が通ったらまぐろを加えてさっと煮る。

材料

まぐろ（刺身用サク）… 200g
長ねぎ（白い部分）… 30cm

合わせ出汁
- かつお出汁 … 1000ml
- 塩 … 10g
- 濃口醤油 … 20ml

酒に寄り添う「酢さしみ」

酢に塩を溶かした「塩酢」で刺身を食べればいつもの醤油では感じられない魚の香り、甘み、旨味が立ち上がってくる。簡単なのに、奥深い。江戸呑みの刺身はこれで決まりだ。

ひらめを塩酢で

ひらめの「つま」は大根の繊切り。ひらめで巻いて塩酢をつけて食べると、ちょっと驚く味わいに。江戸時代の刺身は、つまに季節の野菜、かんきつ類、木の実などが使われ、魚とともに食べることが前提とされた。大根に軽く塩をまぶしておくのが海原さんのおすすめ。

〝酢さしみ〟と江戸の賢いお酢使い

「刺身に醤油」は江戸後期から

醤油は室町時代（一三三六〜一五七三年）末期からつくられていたが、誰でも気軽に使えるようになるのは、江戸時代中期以降。江戸の町で調味料として醤油が主流になるのは、江戸っ子好みの濃い口醤油が関東でつくられ、価格も安くなる江戸後期になってからのこと。それまでは、今では醤油を使うのが当たり前のそば汁や、蒲焼のたれも、味噌を水に溶き、弱火で煮詰め、かつお節を加えてつくる「煮抜き」が用いられていた。

刺身にも当然醤油は使われておらず、酢に塩と薬味などをプラスした、さまざまな調味酢が用いられていた。

味つけは塩と酢が基本

酢の歴史は古く、平安時代（七九四〜一一八五年）には本格的な酢の生産が始まっており、『類聚雑用抄』（平安時代末期）に記載の、貴族の饗宴の記録を見てみると、塩と並んで酢がもっとも基本的な調味料として用いられている。当時は料

鯵なます

生の魚を細切りにして酢と塩で食べるのが「なます」。刺身誕生以前の食べ方で、『日本書紀』には早くも蛤のなますが登場している。「江戸前 芝浜」では、白身にはやわらかな赤酢、青魚には穀物酢と、酢を使い分けている。

理に味がつけられておらず、各自が食膳の塩と酢を使ってそれぞれに味つけをして食べていた。賓客だけには、塩と酢のほか、醤と酒が特別に調味料として供されている。

室町時代になると、酢を使った料理が増え、鱠《なます》料理が発達する。生の魚肉に酢と塩をかけて食す、刺身登場以前の食べ方だ。今も、懐石料理の花形の向付には、鱠が出されることが多い。醤油全盛時代になっても、この食べ方が、あらたまった席で重視されているのは興味深い。

鱠と刺身

鱠から派生してできたのが刺身で、魚肉を細く切って盛りつける鱠に対し、刺身はその身が何の魚であるかわかるように、尾びれを飾りに刺したから「刺」身と呼んだと言われている。いずれにせよ、鱠のように上から塩酢をかけるのではなく、塩酢を小皿に別添えにして出すものを、後年、鱠と区別して刺身と呼ぶようになったようだ。

醤油をつけない刺身なんて味気ないんじゃないか、そう思う読者諸氏もおられるだろう。しかし、実際に酢と塩で食べてみると、醤油で食べたときにはわからなかった食材の魅力が見えてくる。懐石料理に今も鱠が出されるのは、伝統ということのほかに、おいしさもあってのことだろう。

江戸で生まれた数多くの調味酢

それが証拠に、江戸の料理書には数えきれないほどの調味酢と鱠料理が登場する。たとえば江戸随一の料理屋と謳われた「八百善」の当主、四代目栗山善四郎が残した『江戸流行料理通』には、鯵には煎り酒酢、さよりには吉野酢、さざえにはわさび酢と、食材ごとに異なる調味酢が提案されている。

また「極秘伝」の部には、季節の野菜を使ったつまを刺身と一緒に調味酢で食す「かて鱠」が祝いの日にふさわしい食べ方として紹介されている。海原さんは一歩進めて、つまの野菜に少し塩をしておいて刺身とともに調味酢で食べるとさらにおいしくなる、と提案する。

調味酢が織りなす驚くべき「酢さしみ」の世界を、ぜひ体感していただきたい。

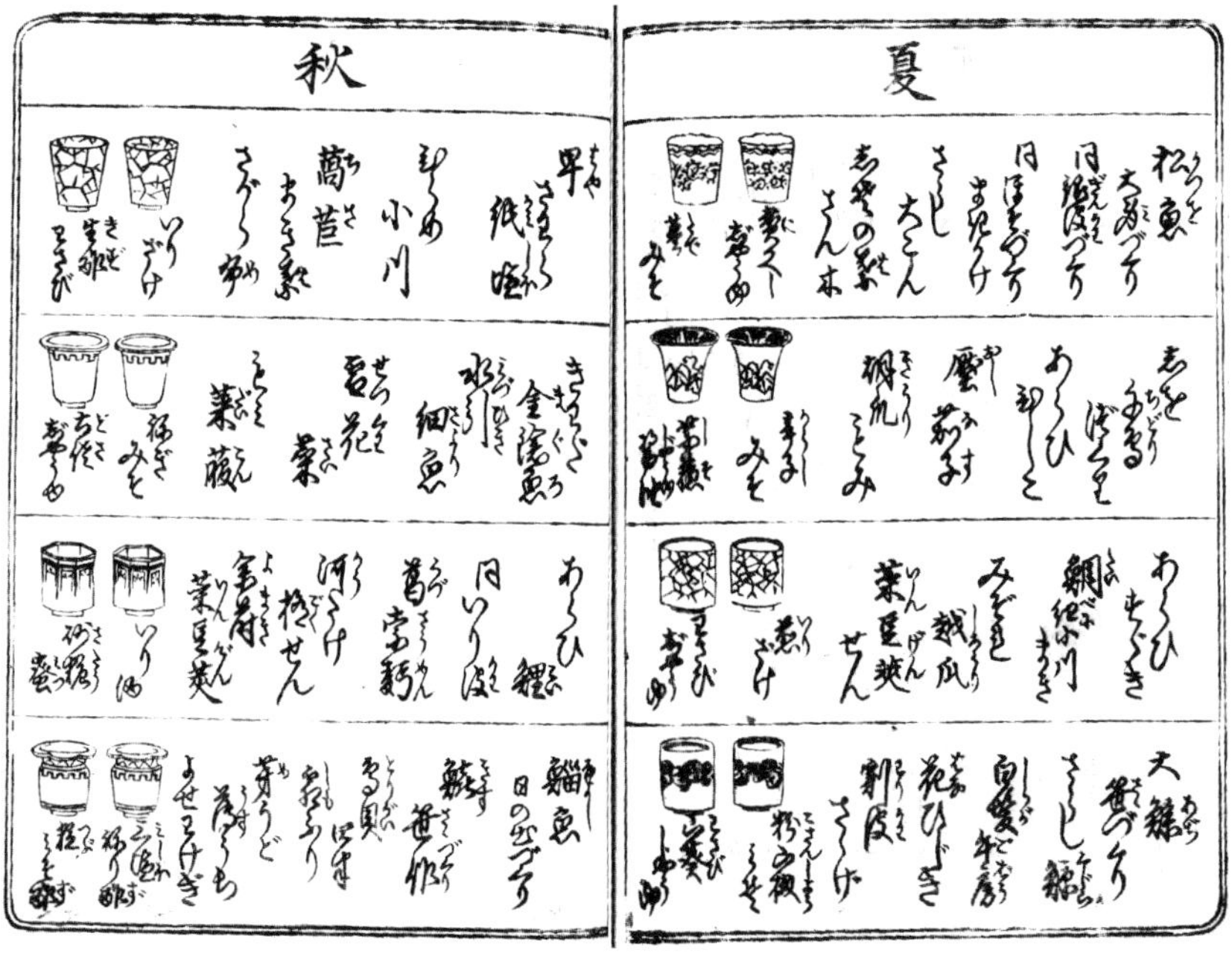

魚の種類ごとに、切り方、つま、合わせる調味料が書かれた江戸時代のレシピ集。江戸随一の料理屋として知られた「八百善」の主人が書いているだけに説得力がある。『江戸流行料理通』文政5～天保11（1808～34）年。

きすの梅肉酢和え

梅肉酢和えは、江戸時代の料理書には「にくあえ」として多く登場する食べ方だ。魚に、そのまま食べてもおいしいくらいの塩分を残すのがコツ。

材料

きす … 2尾
梅干し … 1個
酢 … 30ml
塩 … 適量
酒出汁 … 15ml

※酒出汁とは、酒を沸かし、かつお節を入れて漉したもの。煮切り酒か、かつお出汁でも可。

つくり方

❶梅肉酢は、梅干しの果肉を包丁でたたき、酢を加えて、酒出汁でのばす。

❷きすは鱗をとり、三枚におろして、うっすら塩を振って30分ほど置く。出てきた水分を拭き取り、骨を抜く。湯通しして、氷水で冷やす。

❸水気をよく拭き、皮目に包丁を入れ、器に重ねるように盛る。

❹梅肉酢をきすに回しかける。好みでわさびを添える。

梅干しの肉をとり
白砂とう
すこし入れて
和えて出す

『素人庖丁』第二篇
文化二年(一八〇五)年

平貝の黒酢和え

こんぶをやきてさましよくもみてすりばちにてこまやかにすり酢に入る

『料理早指南』第四篇　文化元（一八〇四）年

黒酢の黒は昆布をすったもの。現代の日本料理にはない斬新な発想！　帆立などの貝類、ひらめなどの白身魚、いかなどにも合う、まさに万能調味酢。

材料

平貝の貝柱 … 1個

日高昆布 … 10g

酢 … 30ml

塩 … 小さじ1

つくり方

❶黒酢をつくる。昆布を焦がさないようにフライパンで炒り、手で砕く。すり鉢でするか、ミキサーで粉砕する。そこに酢30mlと塩小さじ1を加えて混ぜ合わせる。目の粗いざるなどで漉す。

❷平貝の貝柱を薄く切る。

❸器に盛った平貝に黒酢を回しかける。

蛸のぬた

みそ摺
少し酢を入れ
辛みを入れ
こくのべ
魚を和えて出す

『黒白精味集』延享三（一七四六）年

酢味噌の歴史は長く、『万葉集』に「醤酢《ひしおす》に蒜《ひる》搗《つ》きかてて鯛願ふ――」という歌が収められている。醤酢は酢味噌のことで、のびると鯛を酢味噌で和えて食べたいと詠まれている。江戸でも好まれていた味だ。

材料

ゆで蛸 … 適量
味噌 … 15mg
酢 … 5ml
大根 … 少々
一味唐辛子 … 少々

つくり方

❶酢味噌をつくる。味噌を酢でのばす。蛸には卵黄を加えてもおいしい。

❷蛸を切る。画像はさざ波につくってある。

❸大根を5mm厚の短冊に切り、2%の塩水でさっと洗い、水気を切る。

❹器に大根を敷き、その上に蛸を盛る。酢味噌をかけ、一味で色と香りを添える。

豆腐と油揚げ

豆腐と油揚げを担いだ振り売りが町を巡り、
豆腐料理だけを載せた専門書も誕生した。
江戸の創意工夫に満ちた食べ方は
現代人も目をみはるほどである。
写真は、一番人気料理の「八はいどうふ」。
豆腐と油揚げは、
江戸の食文化を語るに外せない食材である。

江戸の日常を支えた人気者

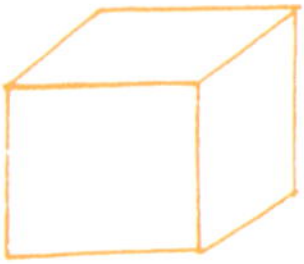

豆腐と油揚げは、「おかず番付」の主役食材。最高位の大関が「八はいどうふ」

大豆は、『古事記』や『日本書紀』に取り上げられるほど、日本の食文化に溶け込んでいる食材だった。江戸時代には、豆腐が味噌とともに重要なたんぱく質源となり、食卓に浸透した。

江戸の人気料理を番付にした『日用倹約料理仕方角力番附』（天保年間〈一八三〇〜四四年〉）、通称「おかず番付」は、「庶民の日常食が中心となっています」と飯野さん。だから、江戸庶民のリアルな食生活がわかる。と同時に、どんなものを酒の肴にしていたのかも察せられる。

番付の東・精進方の最高位、大関に八はいどうふ、関脇にこぶあぶらげ（昆布油揚げ）、前頭に焼き豆腐や白和え、がんもどき、油揚げの吸い下地、湯豆腐、ゆば、いり豆腐など豆腐や油揚げを使った料理が見られ、いかに食卓に欠かせない食材だったかが理解できる。

また、がんもどきが野鳥のがんに見立てた豆腐料理であるように、肉や魚に見立てる「もどき料理」の素材としても活用されていた。

これほど深く浸透したきっかけの一つに、料理書『豆腐百珍』（天明二〈一七八二〉年）がある。百珍物の先駆けとなった専門書で、翌年には『豆腐百珍続編』が、翌々年には『豆腐百珍余禄』が刊行され、おかずや酒肴、お客に出す料理まで合計２２０種類もの豆腐料理を掲載。形は奴、あられ、むすび、ふわふわ、すり流し、くだき、めん、渦まき、きんちゃくなど、加熱法は茹、煮、蒸、焼、揚などを組み合わせてあり、現代人にとっても斬新な料理を見ることができる。

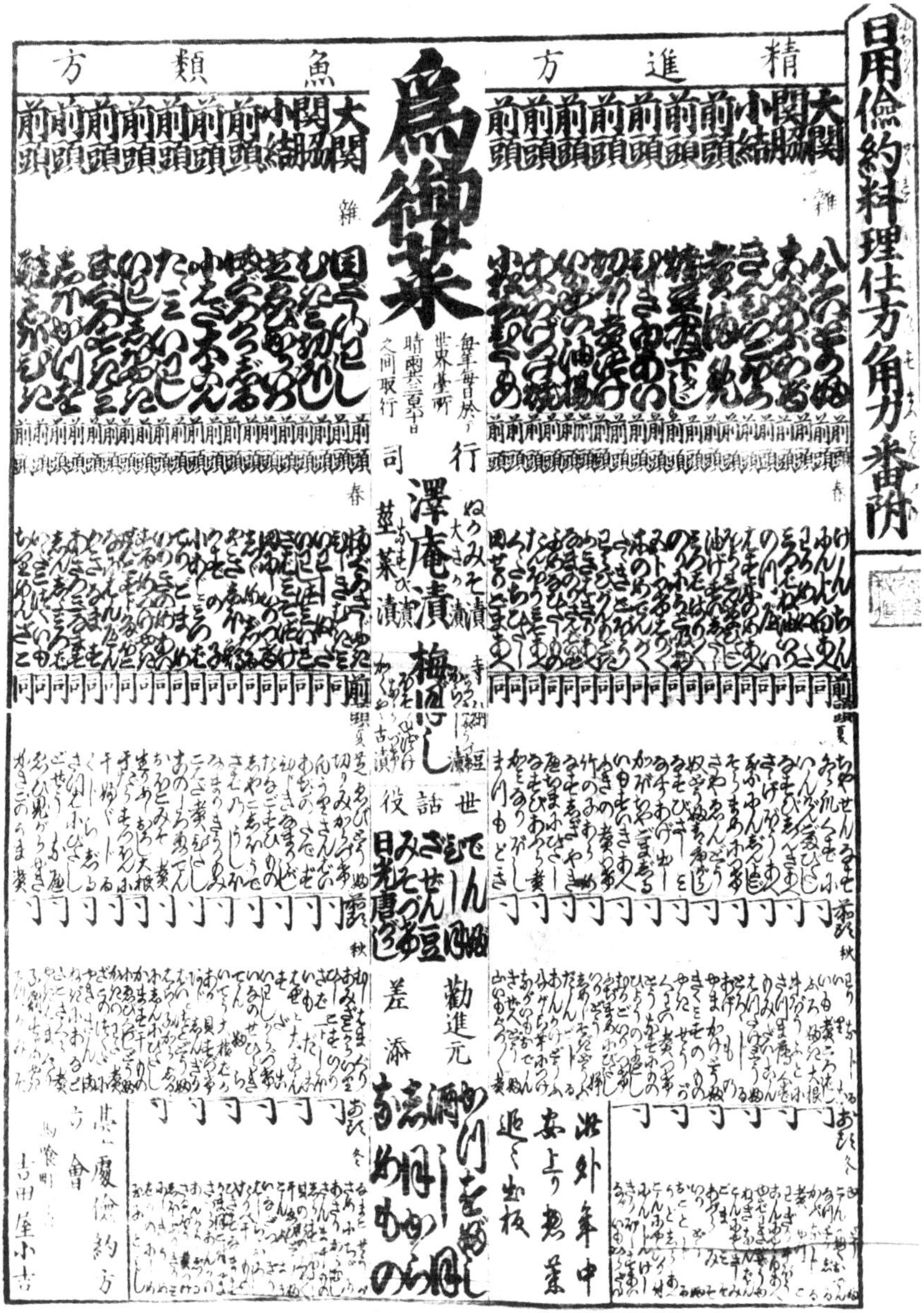
日用倹約料理仕方角力番附
精進方
魚類方
為御菜
行司
澤庵漬
世話役
勧進元
差添
大関
関脇
小結
前頭

これが、『日用倹約料理仕方角力番附』。春夏秋冬とオールシーズンつくれる「雑」の節約おかずを相撲の番付になぞらえて、東に精進方、西に魚類方と分けて列挙した通称「おかず番付」。中央の「為御菜」はおかずの意味。「行司」役に「ぬかみそ漬 大坂漬 沢庵漬」といった漬物類が、世話役に「でんぶ ひしほ みそづけ」、勧進元 差添に「かつをぶし 酒しほ しほから（塩辛）なめもの」などが記される。

八はいどうふ

〝おかず番付〟最上位に輝く豆腐料理の王者

材料

かつお出汁 … 600ml
（水よりかつお出汁のほうがおいしい）
木綿豆腐 … 1丁
酒 … 100ml
醤油 … 100ml

つくり方

❶豆腐を1cm角、5cm長に切り揃える。

❷かつお出汁、酒、醤油を一煮立ちさせ、アルコールがとんだら豆腐を加え、さっと煮る。
かつお節、大根おろしを添えてもよい。

豆腐を、太いうどんのような拍子木形に切り、水6、酒1、醤油1の計8杯の煮汁で煮る料理のため、この名になったという。江戸の豆腐は現在よりも硬かったと伝わるため、「芝浜」では木綿豆腐を用いる。『守貞謾稿』に紹介されている通り、かつお節や紫海苔、大根おろしを添えても美味。

「此如く細く刻むを八杯と云ふ」と『守貞謾稿』に記される八はいどうふの図。

にんじん白和え

小気味いい歯ごたえの
春の食卓を彩る前頭

豆腐をすった和え衣に、下味をつけた材料を加える。にんじん白和えは「おかず番付」で前頭・春。江戸時代は、野菜のみならず、芝海老に代表されるような魚介類も材料とした。『豆腐百珍続編』（天明三〈一七八三〉年）には、豆腐4に対し白味噌6の割合で加える濃厚な白和えが記される。

つくり方

❶にんじんを一口大に切る。

❷煮汁の材料を鍋に入れて一煮立ちさせ、アルコールが飛んだら、①を加え、芯が柔らかくなるまでゆでる。そのまま、半日から一晩つけ置く。

❸絹豆腐を水切りし、当たり鉢で当たり（なめらかにしたい場合はミキサーにかける）、塩で味を調える。

❹②のにんじんを取り出し、水気を除き、③と和える。

材料

にんじん … 1本
絹豆腐 … ½丁
塩 … 小さじ1

煮汁
- かつお出汁 … 200ml
- 酒 … 20ml
- 醤油 … 20ml

あぶらげつけやき

香ばしさが酒を誘う
油揚げの酒菜の
永遠の定番

豆腐を油で揚げることはよく行われていたようである。現在の揚げ出しと厚揚げ（生揚げ）と油揚げに相当するものが油揚げ豆腐または油豆腐の名で料理書にはあり、区別しにくいが、『本朝食鑑』（元禄一〇〈一六九七〉年）には、豆腐を薄く切って水気を取って油で揚げた現在同様の「油揚」の記載がある。つけやき（前頭・雑）は、醤油を付けて焼くことから。海原さんいわく、「薄い油揚げの食感と油分、塩気が混ざった江戸的ジャンク感がお酒を呼びます」。ねぎ、おろし生姜、七味唐辛子などの薬味も愉しい。

材料

油揚げ … 1枚

付け醤油
- 醤油 … 100ml
- 酒 … 100ml
- みりん … 小さじ1
- 水 … 大さじ1

つくり方

❶付け醤油の材料を鍋に加え、アルコール分をとばしながら少し煮詰める。醤油20ml（分量外）を加えて一煮立ちさせる。

❷油揚げをグリルやトースターで両面を素焼きする。焼き目が薄くついたら、付け醤油を塗り、乾かす程度に軽く炙る。

あぶらげの煮びたし

油揚げだけでもよし。乾物や青菜と煮てもいい心強い常備菜

「おかず番付」に、「油げすいしたじ」（前頭・春）の料理名で載っている料理。煮汁をたっぷり吸ったおいしさが想像できる。油揚げの出汁の旨味がしみ出る味わいで、110ページのような、ひじき、切り干し大根などの乾物、または青菜など、ほかの材料と合わせても味わいが深まる。アレンジがきく〝使える常備菜〟としても活用された。

材料

油揚げ … 2枚

煮汁

- 水 … 100ml
- 酒 … 200ml
- 醤油 … 20ml
- みりん … 20ml

つくり方

❶油揚げを短冊切りにし、湯通しする。ザルにあげ、冷めたら軽く絞って水気を切る。

❷煮汁の材料を鍋に入れて一煮立ちさせ、アルコールがとんだら、油揚げを加える。キッチンペーパーなどで落とし蓋をし、水気が少なくなるまで煮詰める。

ひじきとあぶらげ

ひじきは、平安時代から
記述が見られ、煮物、
和え物で賞味されてきた

切り干し大根とあぶらげ

江戸時代に大々的に
生産されるようになった
風味豊かな保存食品

ひじきや切り干し大根、昆布、芋がら（里芋の芋茎）といった乾物は、保存がきくという点で、冷蔵庫のない江戸時代にはとても重宝される食材だった。「おかず番付」に「ひじき白あい」「切りぼし煮付け」（ともに前頭・雑）といった料理がオールシーズンを表す「雑」というコーナーに見られる。当然ながら、常備菜の油揚げの煮びたしと組み合わせて応用したおかずを、日常的に食べていただろう。

ひじきとあぶらげ

材料

ひじき … 20g
油揚げ … 1枚

煮汁
- かつお出汁（煮干し出汁でも合う）… 500ml
- 水 … 500ml
- 酒 … 100ml
- 醤油 … 20ml
- ごま油 … 小さじ1

つくり方

❶ひじきを水（分量外）につけて戻す。ザルに上げて水気を切り、食べやすい長さに切る。

❷出汁と水を鍋に入れて火にかけ、沸いたら酒、醤油、ごま油を加える。ひと煮立ちしたら 刻んだ油揚げとひじきを加え、煮汁がなくなる手前で火を止める。

切り干し大根とあぶらげ

材料

切り干し大根 … 50g
油揚げ … 1枚
水 … 1000ml
切り干し大根の戻し汁 … 500ml
酒 … 200ml
醤油 … 大さじ1
ごま油 … 適量

つくり方

❶切り干し大根を水につけて戻す。ザルに上げて水気を切る。戻し汁は煮る際に使う。

❷鍋を熱してごま油をひき、①を加えて炒める。油の弾ける音が小さくなったら、酒、切り干し大根の戻し汁、醤油、刻んだ油揚げを加える。

❸煮汁がなくなる手前で火を止める。

こぶあぶらげ

一年中、飽くことなく食べられた鉄板の相性

徳川幕府による蝦夷地（北海道）の開拓以来、昆布の採取が盛んになる。海上交通は大量輸送を可能にし、北前船の西回り航路で昆布は北海道から大坂へ、そして関東へ伝わるように。さらに東回り航路でも江戸へと伝わってきた。こぶあぶらげ（関脇・雑）は、「順礼に観音様は、昆布に油揚、葱に鮪」（『四天王産湯玉川』文政元〈一八一八〉年）といわれているように、ねぎま鍋と並ぶほど相性のよい食材を組み合わせた料理として好んで食べられた。

材料

昆布（刻み昆布が便利）… 20g
水 … 1ℓ
酒（煮切る）… 100ml
醤油 … 小さじ1
あぶらげの煮びたし … 適量

つくり方

❶刻み昆布をサッと洗ってから水に15分ほどつけて戻す。水から取り出し、繊切りにする。

❷昆布をつけた水を鍋に入れ、①を弱火で煮る。昆布が柔らかくなったら、酒、醤油を加える。

❸煮汁がなくなる手前で火を止め、あぶらげの煮びたし（108ページ）を細切りにして昆布に混ぜる。

「なめもの」で呑む

家人が寝静まった頃、
お気に入りの盃をひとつ取り出し、
独り静かに酒と向き合う。
そんな独酌のお供には、塩辛やなめみそなどの
「なめもの」がふさわしい。
江戸時代に数多く生まれたなめものの中から、
手軽にできて酒に合う四種をご紹介。

梅が香

梅干しとかつお節でつくる粋な常備菜。

江戸から受け継がれる独酌の友。

江戸時代にはさまざまな「梅が香」があり、梅干しが入らないするめいかの田夫（でんぶ）も「梅が香」と呼ばれた。梅干しにおかかだから「梅が香」なのだが、海原さんは江戸前料理の名店「なべ家」のレシピに従い海苔をプラス。

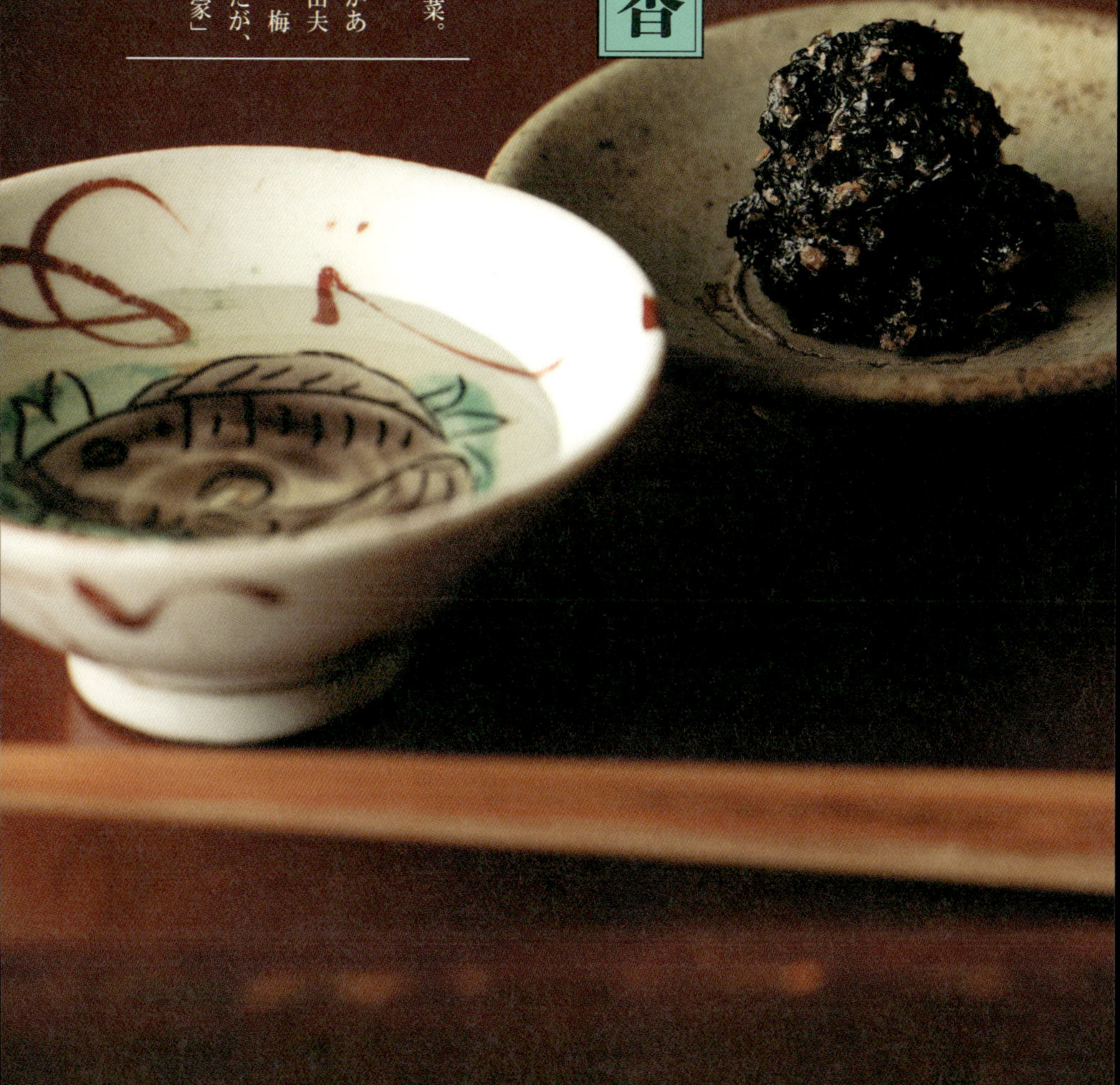

なめものこそ、江戸呑みのツボ

いつも家にあった、手っ取り早い常備菜

「なめもの」とは、江戸時代には各家庭になくてはならぬもので、おかず番付には「勧進元」として、名を連ねる別格の常備菜であった。文字通りなめて味わうもの、の意味で、二系統のつくり方があった。一つ目は魚肉に塩をして、発酵させる塩辛系。二つ目は味噌や梅干しなどの味の強いものに具を混ぜるものだ。

一つ目は手間がかかるので、店から買っていたようだ。有名ななめもので、現在もつくられているものに金山寺（径山寺）味噌がある。これは味噌とあるものの、前者の方法でつくるなめもの。大豆と大麦で醸した麹に、白瓜、なす、塩を加えて発酵させ、刻んだ紫蘇と生姜を加える。江戸時代の職業を紹介した『宝船桂帆柱』などには金山

図左の金山寺（径山寺）味噌（ひしお）などのように、店や振り売りから買うなめものもあった（『宝船桂帆柱』文政10（1827）年、国会図書館所蔵）。しかし、多くは家庭でつくられた。図右は、娘の三味線を聴きながら自家製のなめみそなどで晩酌を楽しんでいる夫婦（『人心覗機関』文化11（1814）年、国文学研究資料館所蔵）。

寺味噌売りや、金山寺味噌を売る漬け物屋がよく描かれている。

家でつくるなめものは、二つ目の混ぜてつくるもので、江戸の料理書には、梅干しとかつお節でつくる「梅が香（うめおかか）」、焼き味噌にくるみ、山椒、胡麻、麻の実などを加えた「法論味噌」、法論味噌に叩いた鶏肉を加えた「鳥法論味噌」、味噌に鯛のすり身を混ぜた「鯛味噌」など、いろいろ紹介されている。

なめもの文化がなぜ江戸で花開いたのか。それは江戸の都市部に住む人びとがご飯をたくさん食べていたからだろう。当時の記録から計算すると、一日に一人四～五合の米を食べていたようだ。ご飯を食べるために、塩辛いなめものはなくてはならぬ常備菜だったのだろう。

いつも家にあるものだから、手っ取り早い酒の肴としても活躍していて、

「女房の留守塩からでのんで居る」

『誹風柳多留』（安永四〈一七七五〉年）

と川柳に詠まれている。独酌や独り者の晩酌には、うってつけの肴だったのだろう。

梅が香

材料

梅干し（塩で漬けたもの）
… 大1個
粉がつお … 20g
焼き海苔（全型）… 5枚
日本酒 … 100ml
塩、醤油 … 適量

つくり方

日本酒を煮切り、ちぎった海苔を入れる。包丁などでたたいた梅肉、粉がつおも加えて混ぜ合わせる。塩と醤油で好みの味に調える。味、固さはそれぞれの具材を加減して塩梅する。

ねぎみそ

材料

長ねぎ … 1本
味噌 … 30g
ごま油 … 少々
日本酒 … 50ml

つくり方

長ねぎを斜めに薄切りにする。ごま油で炒めて、しんなりとさせる。日本酒を加えてアルコールをとばしたら味噌を加えて、煮詰める。なめみその味噌は手持ちのものでよいが、江戸呑みには江戸味噌（日出味噌醸造元）がおすすめ。

鳥法論みそ

材料

鶏挽き肉（あれば軟骨入り）… 200g
味噌 … 30g
日本酒 … 100ml
水 … 100ml
香辛料（山椒、生姜、麻の実、
唐辛子など）… 少々

つくり方

鶏挽き肉、水、酒を鍋に入れて火にかけ、混ぜながら加熱し、沸騰したらアクをとる。味噌を加え、混ぜながら汁気がなくなるまで煮上げる。火を止め、好みの香辛料を加えて混ぜ合わせる。

法論みそ

材料

味噌 … 50g
くるみ … 50g
干し実山椒 … 少々
麻の実 … 少々
ごま … 少々
ごま油 … 適量

つくり方

味噌をアルミホイルなどに薄く広げ、グリルかトースターで焦がさないように、乾かす感覚で炙る。味噌と刻んだくるみをごま油で煎り合わせる。刻んだ干し実山椒、麻の実、ごまを加えて混ぜ合わせる。

上から時計まわりに、ねぎみそ、法論みそ、鳥法論みそ、梅が香。江戸時代も一人ずつこのような瀬戸のお手塩皿にのせて、酒の肴にしていたのだろう。

香りで呑む「七色唐がらし」

ピリリと辛くて、風味絶佳。
唐辛子を単体で使うのではなく、
山椒、陳皮、胡麻などとの
「ブレンド」の発想で生まれた
江戸の大発見スパイス、七色唐がらし。
江戸っ子たちにいかに浸透していたか。
どんな料理と合わせていたのかを
探りながら見て行こう。

江戸の町で売り歩いた「七色唐がらし売」。曲亭馬琴『近世流行商人狂歌絵図』天保6（1835）年。

江戸の大発見スパイス

和製ミックススパイスの確立

庶民でも武家でも、七色唐がらしはごく身近なものだった。背丈より大きい唐辛子の張り子を担いだ七色唐がらしの売り子の絵（１２０ページ）に、こんな売り文句が記されている。

「とんとんとん唐辛子　ぴりりと辛いは山椒の粉
すわすわ
辛いは胡椒の粉　芥子《けし》の粉　胡麻の粉　陳皮の粉
とんとんとん唐辛子」

通りからこの声が聞こえたら、売り子を呼び止め、日常的に食す分を買い求めたのだろう。

女性の売り子の絵も残されている（１２５ページ）。四谷の「内藤とうがらし」を筆頭に、黒胡麻、陳皮、芥子、麻の実、山椒、焼き唐辛子の効用や味を謳う口上とともに、香辛料を調合しながら売っている様子が描かれている。

「上方では七味、江戸では七色と呼ばれていました。誰が生み出したのかは詳しくわかっていませんが、唐辛子を主役にそれまで単体で使っていた薬味をブレンドしたことが革新的です。時期とし

ては、安永年間（一七七二〜八一年）頃に生まれて広まっていきました。まずは唐辛子ありき。唐辛子抜きに七色の誕生は語れません」（飯野）

日本の唐辛子伝来は文禄年間（一五九二〜九六年）頃で、朝鮮半島（以下、朝鮮）とほぼ同時期である。『料理早指南』初篇（享和元〈一八〇一〉年）には「粉とうがらし」「やきとうがらし」「青とうがらし」などのバリエーションが見られ、『素人包丁』（享和三〜文政三〈一八〇三〜一八二〇〉年）には酢とともに漬物にしたり、味噌や酢味噌に加えた料理が登場。胡椒と比べると多用はされたが、朝鮮での普及と比べると比ではなかった。背景には食文化の大きな違いがある。

「最大の要因は、朝鮮には肉食文化が根づいていたことです。肉と辛い刺激はとてもよく合います。朝鮮ではそれ以前から胡椒が広まっていて、唐辛子は栽培可能なことから代役を果たすものとして重宝されました。キムチ類に川椒（山椒）を入れたり、からし菜を漬けたりと辛味に慣れていたことも受け入れられた理由でしょう。対して日本は出汁をひき、魚や野菜中心の食文化で唐辛子の刺激は強すぎたのです。ほかの薬味とブレンドすることで唐辛子の刺激を弱め、マイルドな日本料理に合う薬味に変化させていきました」（飯野）

その結果、風味に富み、味わいにも優れた日本独自の混合香辛料が確立したのだ。

江戸のそば人気が普及を後押し

飯野さんは、そばの役割の大きさも指摘する。

「七色唐がらしが生まれたのは、ちょうど江戸がうどんからそばの町に移っていった時期。寛文年間（一六六一〜七三年）にけんどんそばが生まれ、その後、蒸しそば、そば切りの名店、二八そばの店、夜そば売りが現れて江戸はうどんからそばの町へと移り変わる兆しが見えてきました。その頃、パロディ的な戯作絵本『うどんそば 化物大江山』

江戸から続く革新的ミックススパイス

現在は「七味」と略されることも多い七色唐がらし。漢方薬をヒントに開発されたと伝わる。注文を受けたその場で7種類の薬味を調合するスタイルが一般的で、辛さや内容の好みにも応じることができた。

源頼光と四天王の武勇伝、御伽草子『酒呑童子』の、擬人化された薬味たちによるパロディ。頼光（そば粉）を囲み、右手前より大根、陳皮、唐辛子、かつお節ら薬味四天王がそば切り党によるうどん党退治の相談をしている。『うどんそば 化物大江山』。

（安永五〈一七七六〉年）には、擬人化した陳皮や唐辛子、大根、かつお節からなるそば切り党が登場し、敵のうどん童子なるうどん党を退治します。江戸の町にそば人気を喝采するムードがあり、そこには薬味の存在が必要不可欠でした。七色唐辛子とそばは二人三脚で広まっていったのです」

そば人気の要因には、そば汁の工夫もあった。調味料は味噌から下り醤油の淡口醤油、さらに関東で造られた地回り醤油の濃口醤油へと変化。同じ頃、下総国（千葉県）の流山でみりんの醸造が始まり、多くが江戸へ運ばれた。そば屋でも出汁に醤油、みりんを使っていたことが考えられよう。わさびは高級品だったが、七色唐がらしはそば屋の卓の上にはごく当たり前に置かれ、好みに応じて振りかけられた。そば汁と七色唐がらしの相性のよさは、周知の通りである。

だが、七色唐がらしは店でも家庭でも「ふりかけ的」に使われ、史料に食材として記されていない。江戸っ子の食事情に思いをめぐらした再現料理とともに、七色唐がらしを見ていこう。

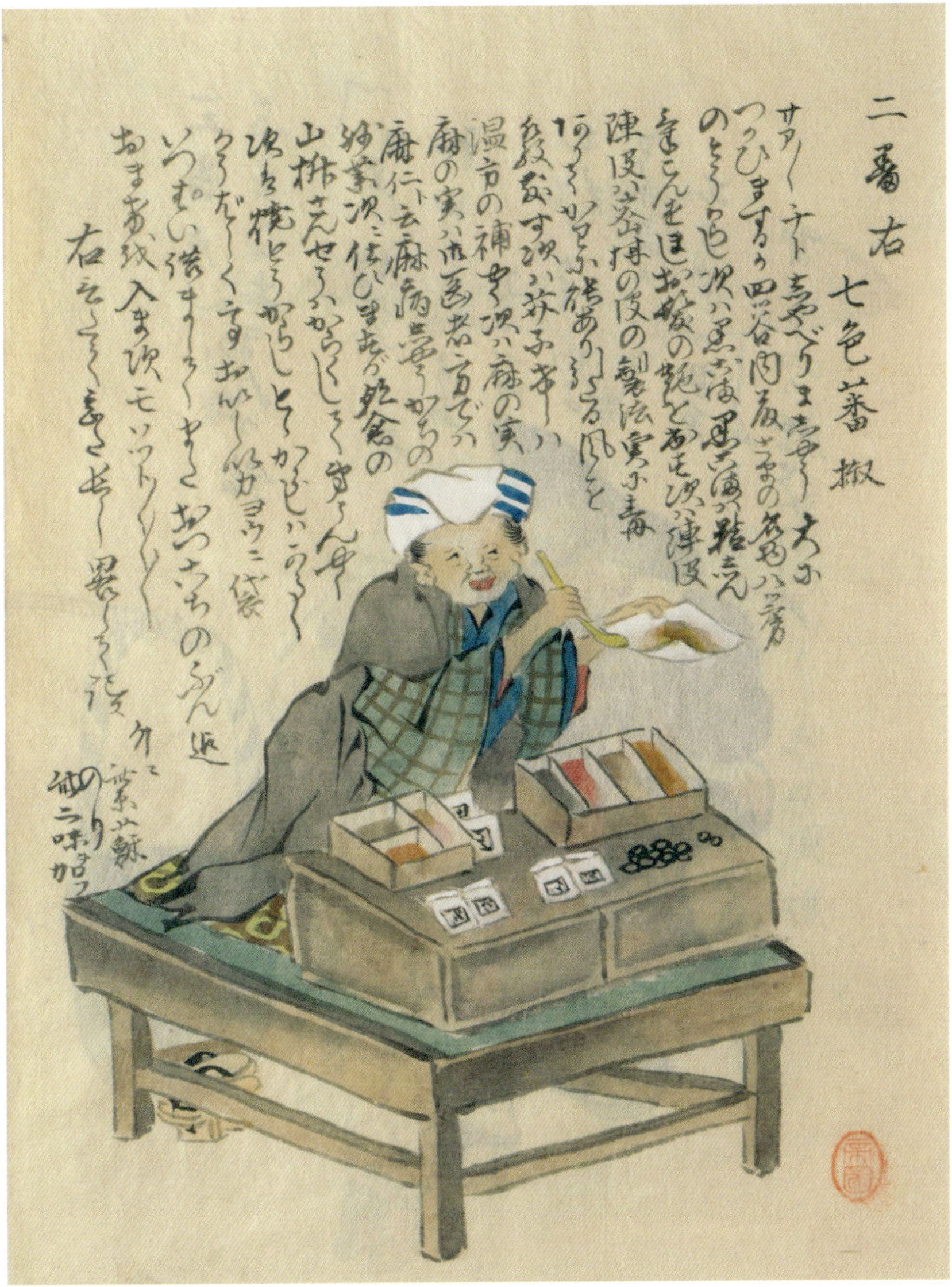

「黒胡麻は精を出し髪の艶も出す、陳皮は風邪を発散する、芥子は温方の補薬」といった口上で客を呼ぶ。紫蘇や海苔も販売していた。石塚豊芥子などによる「七色唐がらし」『近世商賈尽狂歌合』嘉永5（1852）年。

そばがき

七色唐がらしは、
そばと二人三脚で
広まりました

芝海老の天抜き

そばがき

出汁、濃口醤油、みりんを合わせた江戸のそば汁と相思相愛

『料理早指南』四篇（文化元〈一八〇四〉年）に、そばがきについて「上等のそば粉を煮たてた味噌汁でこねた後にゆで、杓子ですくって、そば切りの下地と薬味を添えて出す」とある通りに再現。そば汁は、『守貞謾稿』（嘉永六〈一八五三〉年）の下地に言及した部分で、上方は「鰹節の煮だしにて諸白酒を加え、醤油で塩味を加減するなり」とあるのに対し、「江戸は専ら鰹節だしに味醂を加へ、あるひは砂糖をもつてこれに代へ、醤油をもつて塩味を付くる」とある。七色唐がらしとの相性は鉄板。

材料

そば粉 … 100g
水 … 250ml

つゆ
- かつお出汁 … 400ml
- みりん … 30ml
- 醤油 … 30ml
- 酒 … 大さじ1

七色唐がらし … 適量

つくり方

❶つゆは、材料を小鍋に入れ、ひと煮立ちさせてアルコールをとばす。

❷そばがきは、小鍋の中でそば粉と水を泡だて器でよく混ぜ合わせる。強火にかけ、焦がさないように木べらで掻きまわしながら火を入れる。きれいにまとまったら出来上がり。

❸椀に熱いつゆを張り、②を盛る。七色唐がらしを振りかける。

芝海老の天抜き

**油と旨味がしみ出た
そば汁には
七色唐がらしが
アクセント**

『守貞謾稿』にはそば屋のメニューに貝柱を加えたあられや浅草海苔を加えた花巻き、鴨南蛮、しっぽくなどと並んで、芝海老の天ぷらを加えたものが挙げられている。定番の薬味には花がつお（削り節）、大根のしぼり汁、陳皮、唐辛子、わさび、海苔、梅干しなどが挙げられる。「唐辛子」は七色唐がらしと考えていいだろう。天抜きは、天ぷらそばからそばをぬいた食べ方で、海原さんいわく「油がしみ出した温かいそば汁は絶好の酒菜になります。七色唐がらしをかけて愉しんでいたと想像できます」。

材料

芝海老（殻付き）… 10尾
揚げ油 … 揚げ鍋に
2.5～3cm高さほどを用意

衣
- 小麦粉（薄力粉）… 110g
- 水 … 200ml
- 卵白 … 1個分

つゆ
- かつお出汁 … 400ml
- みりん … 30ml
- 醤油 … 30ml
- 酒 … 大さじ1

七色唐がらし … 適量

つくり方

❶芝海老を水で洗い、殻をむく。油の中で弾けないよう、尾の端を切り落とす。

❷衣の水に小麦粉を加え混ぜ、卵白を泡立てて加える。揚げ鍋に入れた油を170度ほどまで温める。①に小麦粉（分量外）をはたき、衣にくぐらせ、揚がる際の音がごく小さくなるまでじっくり揚げる。

❸つゆの材料を鍋に入れ、ひと煮立ちさせてアルコールをとばす。器に盛り、②を入れる。七色唐がらしを振りかける。

おかず番付から"七色料理"

山々に自生する
春を告げる日本のハーブ

三つ葉はりはり

最高位を大関に見立てて人気のおかずを記載した『日用倹約料理仕方角力番附』。通称「おかず番付」。三つ葉はりはりは、精進方の春の部、前頭に位置。三つ葉は日本原産の春の野菜で、3月頃から初夏にかけて旬を迎える。シャキシャキとした食感と香りを味わいたい。

材料

三つ葉 … 2束

つゆ

- かつお出汁 … 400ml
- みりん … 20ml
- 醤油 … 30ml
- 酒 … 大さじ1

七色唐がらし … 適量

つくり方

❶三つ葉を5cmほどの長さに切る。

❷鍋につゆの材料を合わせて温め、①をさっと煮る。器に盛り七色唐がらしを振りかける。

ごぼう太煮

江戸で改良されて
日本各地に広まった伝統野菜

材料

ごぼう … 1本
酢 … 適量

煮汁

- 水 … 500ml
- 酒 … 100ml
- 醤油 … 10ml
- みりん … 10ml
- かつお節 … 10g

七色唐がらし … 適量

つくり方

❶ごぼうの土をよく洗い流す。長さ3cmに切り、15分ほど酢水にさらしてあくを抜く。

❷鍋に①とかつお節以外の煮汁の材料を加え、火にかける。沸騰したら弱火にし、かつお節をだしパックやキッチンペーパーなどで包んで入れ、煮汁がなくなるまで煮る。器に盛り、七色唐がらしを振りかける。

精進方の秋の部、前頭に位置。元禄年間（一六八八～一七〇四年）に滝野川村（現在の北区滝野川）で改良、採種された滝野川ゴボウという品種があり、現在、国内のゴボウの9割以上がこの品種を受け継ぐという。「魚の身やあら、肉を加えると変化が楽しめます」と海原さん。

なすしぎ焼き

江戸時代から夏野菜の王様だった
なすの定番人気料理

精進方の夏の部、前頭に位置。なすは、縦に切り目を入れて茶筅のような形にして煮付ける「ちゃせんなす」や蒸して胡麻醤油で和える「なすしんきあへ」、「なすさしみ」、「なすあげ出し」、油を加えて煮る「まつもどき」などが記載。品種の分化も進み、多様な料理方法で食べられていた。

つくり方

❶田楽味噌の材料をボウルでよく混ぜ合わせ、鍋に移して強火にかける。焦げないよう木べらでかき混ぜ、もったりしてきたら耐熱性容器に移す。

❷フライパンに油をひいて温め、なすの皮面を焼く。グリルやトースターで断面を炙る。

❸断面に田楽味噌を塗り、さらにトースターで軽く炙る。器に盛り、七色唐がらしを振りかける。

材料

なす … 1本（縦半分に切り、皮に切り込みを入れる）
油 … 適量

田楽味噌（つくりやすい分量）
- 江戸甘味噌（西京味噌で代用可）… 100g
- 卵黄 … 2個
- みりん … 50ml
- 煮切り酒 … 100ml

白ごま … 適量
七色唐がらし … 適量

こはだ天ぷら

大根、醤油、七色唐がらしは
江戸前天ぷらの三種の神器

魚類方のオールシーズン楽しめるおかずの前頭に記載。こはだは、屋台で売る天ぷらの種の定番だった。食べやすいように串に刺して販売していて、共用の丼鉢に入ったつゆに付けて、大根おろしを添えて味わっていた。七色唐がらしを添えると、風味は倍増。さらに酒を呼ぶ肴になる。

つくり方

❶衣の水に小麦粉を加え混ぜ、卵白を泡立てて加える。揚げ鍋に入れた油を170度ほどまで温める。こはだに小麦粉（分量外）をはたき、衣にくぐらせて揚げる。

❷①に大根おろしを添えて醤油をかけ、七色唐がらしを振りかける。

材料

こはだ（開き）… 適量
揚げ油 … 揚げ鍋に2.5〜3cm高さほどを用意
大根（おろす）… 適量

衣
- 小麦粉（薄力粉）… 110g
- 水 … 200ml
- 卵白 … 1個分

醤油 … 適量
七色唐がらし … 適量

汁も酒菜

汁物はつまみ、とは
江戸の居酒屋では当たり前の話。
呑む前に味わえば胃を温め、
燗酒と合わせれば旨味は増し、
冬ともなれば手軽に暖を取れる。
四季折々の食材を使う汁物は
呑むにも食うにも
欠かせないものだったのだ。

吸物は酒とあるもの

「汁《しる》」と「吸物」は明確に区別されていた

「汁で呑む」といったら、現代の人は意外に感じるかもしれない。136、137ページの図版を見ていただきたい。居酒屋の軒先の看板に「どじやう御吸物」、格子の酒の文字の奥に「御吸物」という文字が確認でき、椀を手になんとも愉しそうに酒を呑む江戸っ子たちが描かれている。汁物は立派な酒の肴であり、居酒屋の代表メニューだったのだ。

江戸の料理書『料理網目調味抄』（享保一五〈一七三〇〉年）の汁の部には、味噌仕立て、すまし仕立ての区別のほか、こんな汁が紹介されている。鯨汁、鮒《ふな》汁、鱈汁、鮟鱇《あんこう》汁、蜆《しじみ》汁、鳥汁、芋汁、ずいき汁、昆布汁、蕗《ふき》汁、筍汁、鱸《すずき》、鱧《はも》、鯒《こち》、鮭、鯉、蛤、海老も見られ、さらにかつてはタブー視されていた鶴まである。史料を紐解けば汁物の種類はまだまだあり、ありとあらゆる食材を汁物で楽しんでいたのではないかと思えるほどだ。

日本の汁物のルーツをたどってみると、言葉としては中国から伝わった「羹《あつもの》」がいちばん早く現れる。熱物、つまり温かい汁物を意味する。平安時代には『枕草子』に「汁物」の名が見られ、飯と一緒に食すことが記されている。そして、室町時代になると「吸物」の名が現れる。室町中期に書かれた日記には、「スイ物ニテ酒」「サカナ（肴）スイ物鳥」「初献 タイスイ物」とある。「初献」とは酒宴の際、最初に出される酒のことで、ここに書かれている吸物はすべて酒の肴として供されていることがわかる。

『守貞謾稿』に「すいもの、古《いにしえ》は羹といふなり。今制、吸物二品あり。味噌吸物とすまし吸物なり。これは飯に合せず。酒の肴にこれを用ふ」とある。

江戸後期の読み物『京鹿子娘泥鰌汁（きょうがのこむすめどじょうじる）』寛政3（1791年）に歌川豊国が描いた、江戸・柳橋のどじょう汁屋。右側の看板に、夏の汁物の代表格「どじやう御吸物」の文字が見える。

また『守貞謾稿』には料理屋の会席料理の描写があり、客が到着して酒宴が始まると「座附」（最初に客に振舞われる料理）として吸物が供され、飯が供される際には汁が供されている。一度の会食で吸物と汁という2種類の汁物を味わっている。これは、料理屋では酒と味わうものは「吸物」、飯と味わうものは「汁」と明確に区別されていたためである。味付けも、吸物は酒に合うよう軽く薄めに、汁は飯に添える副菜なので味は濃いめに、とつくり分けていた。「一汁三菜」とは飯、汁、三菜（料理三品）の献立構成を表し、酒がない場であることを表している。

汁物が供されるシチュエーションによる明確な区別は、江戸末期まで継がれていく。だが、それは料理屋に限ってのこと。町場の居酒屋では酒も飯も提供する店が多く、吸物と汁の呼称が混用されていってしまうのだった。

ところで、汁物はいかにして居酒屋の代表メニューになっていったのだろうか。飯野さんはこのように指摘する。

「酒肴のなかでも手軽に温めなおしができ、寒い

『七癖上戸』文化7（1810）年に描かれる活気ある居酒屋。屋台には酒肴を表す「御取肴」と「御吸物」の字が見える。細長い看板には「大極上 中汲 にごり酒」と書かれ、その脇には肴のひらめなどの魚が吊るされている。

季節に暖をとれる食べ物でした。食べ始め、呑み始めの一品目に温かい汁を飲むことは、胃を温め、食事中も内臓を疲れさせない効果が期待できます。さらに、四季折々の多彩な食材を具に織り込める汁物は、季節感を表し客の心を引き付ける〝つかみ〟のようなものだったのではないでしょうか」

酒も肴も液体では、すぐにお腹がふくれてしまわないだろうか。そんな懸念も、飯野さんの解説が軽く吹き飛ばしてくれる。

「江戸時代の酒といえば日本酒のことで『とりあえず、ビール』といった乾杯はありません。立った姿勢でグラスを合わせる乾杯の習慣は明治以降に普及したもので、立食だからスムーズにできることです。また、ビールのようにグビッと味わう酒ではなく、ちびちび味わう燗酒だからこそ成立したのでしょう。汁物の調味にはほぼすべてに酒が使われていますから、口中で混じり合うことでおいしさの相乗効果が生まれ、お酒が汁物を引き立てる調味料のようにもなるのです」

汁物×燗酒を未体験の方は、江戸流の汁物をつまみにさっそく試してみてはいかがだろうか。

ふぐの吸物

かつお出汁は使わず
ふぐの旨味だけで味わう
滋味深い酒の肴

毒があるとわかっていながら、そのおいしさにふぐを賞味する人は増え、野菜や魚を煮て食べさせる外食産業の走りの店、煮売屋でもふぐ汁を提供していた。やがて定番メニューとなり、特に寒い時季に好まれた。よく食べられていたのは、江戸湾で獲れた小型のしょうさいふぐだ。『本草綱目啓蒙』（享和三〈一八〇三〉年）に「毒なし」とあるが、『原色魚類大図鑑』には「肝臓、卵巣は猛毒。皮、腸は強毒。肉は弱毒」とある。当たればたちまち死ぬところから、「鉄砲」の異名をとっていた。

材料

しょうさいふぐ（処理済みのもの）
… 約200g
※天然物で大きさに個体差があるため、お椀の大きさに合う量を用意する
水 … 500ml
醤油 … 小さじ½
塩 … 適量

つくり方

❶しょうさいふぐを湯通しし、表面を洗う。

❷①を水から煮出し、身に火が入って風味が出てきたら、塩、醤油で味を調える。好みで、煮出す際に昆布、長ねぎを加えてもよい。

牡蠣の吸物

燗酒と合わせると はっとするような おいしさが広がる

江戸・深川界隈は、牡蠣《かき》をはじめ、青柳や蛤、あさりなどの貝の集積場になっていて、貝の汁物がよくつくられた。料理書『黒白精味集』（延享三〈一七四六〉年成立）には、汁や四季料理、介魚の類などの部があるにもかかわらず、本来酒と味わう物の意をもつ「吸物」の部に記されており、優れた肴だったと察せられる。わさびやとろろを加えるつくり方もある。「燗酒を合わせると爆発的に旨味が広がります。夏は冷やしてもよいですね」と海原さん。

材料

牡蠣（むき身）… 4～6粒
酒 … 200ml
水（かつお出汁を何割か加えてもよい）
… 200ml
醤油 … 20ml

つくり方

❶牡蠣は塩を振って手早く混ぜるようにして洗い、水（分量外）で3～4回すすぎ、軽く水気を取る。

❷酒を鍋に入れて煮たて、アルコールをとばす。①を加えて牡蠣に火を通したら、取り出しておく。水、醤油を加える。

❸牡蠣を椀に盛り、②を注ぎ入れる。

呉汁

冷めづらい
クリーミーな味も
栄養も優れた汁物

大豆をすりつぶした「呉《ご》」を入れた味噌汁である。専門店ができるほどポピュラーだった。から汁（おから入りの味噌汁）に比べ、豆乳を絞っていない分、栄養的に優れている。前者がさっぱりした味わいに対し、胚乳がそのまま残っているためクリーミーなコクが広がる。『料理早指南』四篇（文化元〈一八〇四〉年）に書かれる大豆をする工程は手がかかるように思えますが、大人数分を一度につくるなら大した手間ではなかったのでは」と海原さん。原典には、青豆（緑大豆）を使うとも記される。

材料

大豆（乾燥）… 30g
水 … 400ml
かつお節 … 10g
味噌 … 大さじ1

具材
- 大根 … 適量
- にんじん … 適量
- かぼちゃ … 適量
- こんにゃく … 適量

つくり方

❶大豆を200mlの水（分量外）に8〜10時間浸ける。具材を短冊切りにする。

❷鍋に水400mlと具材を入れて火にかける。かつお節を出汁取り用の袋に入れて煮出す。

❸鍋からかつお節を取り出し、味噌をとき入れ、冷ましておく。

❹大豆をミキサーで水ごと攪拌する。

❺③の具材を取り出してよけておく。鍋に④を加え、吹きこぼれないように注意しながら、中火で10分ほど煮る。具材を戻して温める。

鴨汁

現代人にとっての
鶏のごとく食べなれた
鴨の旨味を存分に味わう

16世紀中頃まで鶏のような家禽は食べないことが基本だったこともあり、江戸っ子は野鳥をよく食べていた。「小鳥」といえばつぐみ、オールシーズン食べられる「鳥」といえば雉。ほかに、雁や山鳥、うずら、ひばり、鷺、鴫などなど。鶴に至っては、織田信長の時代から霊鳥的な存在としてステータス的に食べられていた。その点、鴨は定期的に捕獲され、庶民にもなじみ深い現代の鶏のような食材だった。脂の旨味が広がる汁を味わえば、鴨がもっとも好まれたことが納得できるだろう。

材料

鴨ロース（スライス）… 6枚
長ねぎ … 1本
青菜（小松菜、ほうれん草など）
… 適量

合わせ出汁
- かつお出汁 … 400ml
- 酒 … 20ml
- みりん … 10ml
- 醤油 … 20ml
- 塩 … 小さじ1

つくり方

❶長ねぎは6cmほどの斜め切りにする。青菜はさっとゆでる。

❷鍋に合わせ出汁の材料を入れて火にかけ、アルコールがとんだら、長ねぎ、鴨ロースを加える。

❸器に盛り、青菜を添える。

胡椒《こしょう》めしと汁かけ飯

すし、天ぷら、そば、うなぎが
江戸の四大名物食といわれるが、
ここにぜひ「汁かけ飯」を加えたい。
一度食せば、なぜ専門店がないのか
不思議に思うはず。
メの一杯が、さらなる酒の一杯を呼ぶ、
愉悦の汁かけ飯文化をご覧あれ。

基本となる「かつお出汁」の取り方：水1100mlを沸かし、火を消して水を100ml加え、温度を下げる。かつお節20gを加え中火で火にかけ、アクを取る。3分ほど経ったら火を止め、かつお節が沈むまで待ち、キッチンペーパーで漉す。かつお節は削りたてのものを。

胡椒めし

これほどおいしい食べ物は、そうざらにはないだろう。かつお出汁に塩と醤油で味を調えたすまし汁をご飯に注ぎ、黒胡椒をかけただけなのに、一口すれば目が点になるはず。恐るべき、江戸の香辛料づかいである。

江戸の胡椒好き

本妻の悋気《りんき》と饂飩《うどん》に胡椒はお定まり

江戸時代の人たちはとにかく汁が好き。吸物は酒の肴に欠かせないし、ご飯とくればすぐに汁をかけたくなるのが江戸時代の人の性分。江戸の名物食の天ぷらやうなぎの蒲焼が、それぞれ天丼、うな丼になるのには長い年月を要したが、天茶、うな茶はすぐ誕生している。料理書をひもといても、ご飯ものの多くは汁かけ飯で、今とはまったく違う状況に驚かされる。

ご飯に汁をかけて食べる習慣は室町時代から見られ、「芳飯《ほうはん》」という料理が寺院や貴族の間で流行った。「芳」は「餝」とも書き、飾るという意味で、ご飯の上にさまざまな具を載せ、そこに味を調えた煮抜きやすまし汁をかけて食した。この芳飯を源流として、江戸期の汁かけ飯が生まれていったのは間違いない。

江戸時代にはご飯を炊くのが一日一回だったから、冷ご飯をおいしく食べる方法として汁かけ飯が発達したと考えられなくもない。しかし、『守貞謾稿』には冷ご飯の食べ方として、京坂ではおかゆが、江戸では雑炊が好まれたとあるから、汁かけ飯はやはり特別な料理として供されていたのだろう。

そんな数ある汁かけ飯の中でも秀逸なのが「胡椒めし」だ。ご飯にかつお出汁のすまし汁をかけ、その上にひきたての黒胡椒を振っただけのシンプルな料理だが、これがすごい！　一口すれば五感すべてが呼び覚まされるような清々しさだ。胡椒にひそむ力を、こんなにも引き出すことのできる料理は、ほかにはないのではないか。酔っていても、この一杯で口中がさっぱりし、目が覚め、胃腸がすっきりとして、また酒が呑みたくなってしまう。

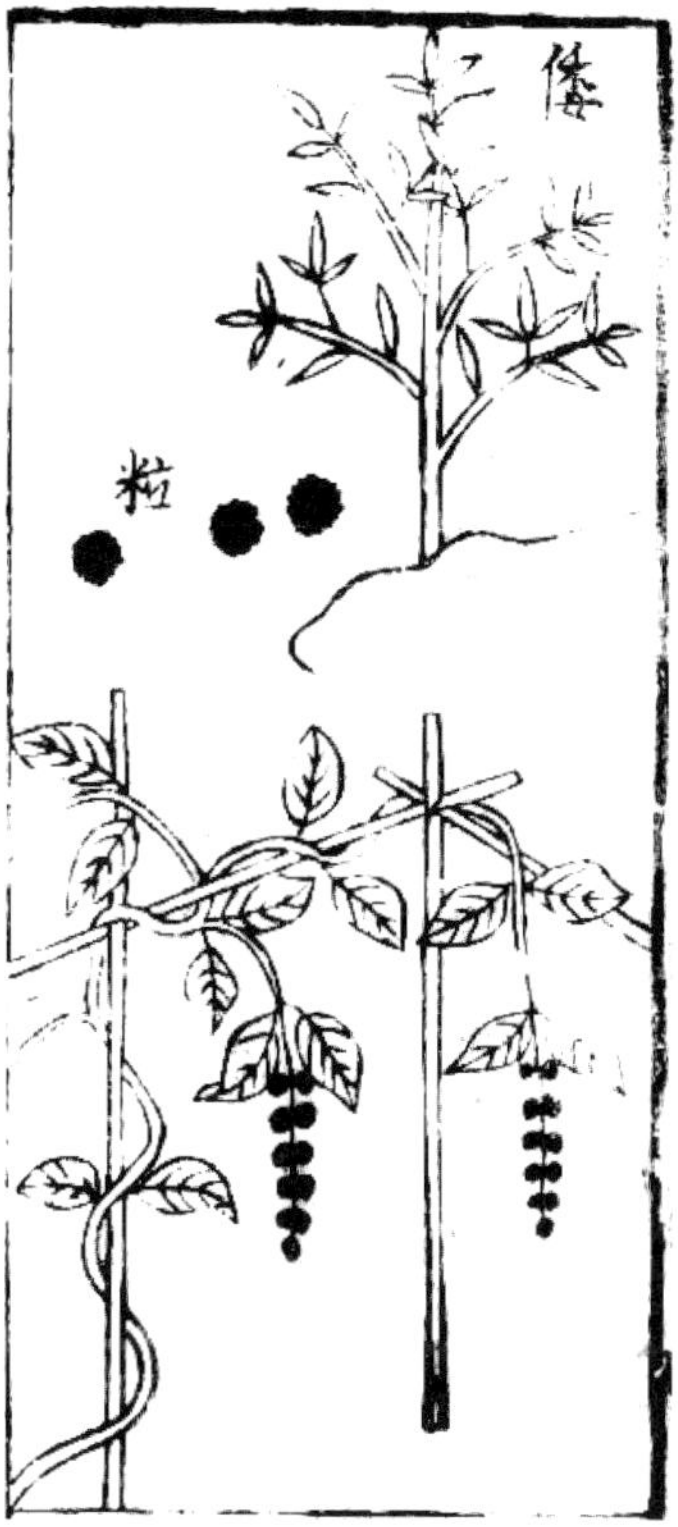

江戸中期の百科事典『和漢三才図会』に載っている胡椒の図。300年も前から、日本では胡椒が流通していた。正徳2（1712）年。早稲田大学図書館所蔵。

胡椒は江戸時代にはかなり使われており、うどんの食べ方を絵入りで説明する『羹学要道記』（元禄一五〈一七〇二〉年）では、薬味に胡椒と梅干を用意すると書かれている。近松門左衛門の浄瑠璃『大経師昔暦』（正徳五〈一七一五〉年初演）にも「本妻の悋気と饂飩に胡椒はお定り」（かみさんがやきもちやきなのと、うどんに胡椒を添えるのは当たり前）というセリフがあることから、江戸時代の人は、うどんを食べる際に決まって胡椒を振っていたのだろう。

焼き松茸にも胡椒を振っていた

また驚きなのが、なんと香りが命のあの松茸にも、胡椒を合わせていることだ。『素人庖丁』二篇（文化二〈一八〇五〉年）には松茸をつけ焼きにして、柚子をしぼり、割胡椒を振る焼き松茸のつくり方が紹介されているが、食べてびっくり。胡椒が松茸に合うのだ。江戸時代の人たちの香辛料使いのセンスにはただただ脱帽するばかりだ。

お隣の朝鮮の料理にはよく胡椒が使われているが、意外なことに胡椒の入手には苦労したようで、再三日本に胡椒の苗を譲ってほしいと使者を送っている。このことは日本で胡椒が流通していたことを裏付けるが、日本も胡椒は貿易によってもたらされたものなので、残念ながらわれわれも苗は持っていないのだと返答している。

このような外国からやってきた貴重な香辛料を、われわれの祖先はうまく使いこなし、和の素材と合わせ、見事に江戸料理に昇華させた。胡椒ひとつとっても、当時の食文化の豊かさを思わずにはいられない。

鮒佐の佃煮の湯漬け

「鮒佐」は文久二（一八六二）年創業の老舗佃煮店。この鮒佐の佃煮の湯漬けを腹に入れてから夜の町に繰り出すのが、江戸・東京っ子の遊び方だった。

骨董飯

「骨董」と書いて「ごもく」と読む。ただし、具は5種類でなくてもよいのが江戸のルール。目にも美しい、呑ませる一杯。

江戸の湯漬けと骨董飯《ごもくめし》

湯漬けとは

ご飯に水をかけて食べる食べ方を「水飯《すいはん》」、湯をかけて食べる食べ方を「湯漬《ゆづ》け」という。いずれもご飯の古い食べ方で、『源氏物語』には猛暑の日に、源氏が酒を飲みながら水飯を食べるシーンが描かれている。また平安時代の儀式書『北山抄』などには、新任の大臣が催す公式の宴会においては、暖かい季節には水飯を、寒い時期には湯漬けを出す決まりがあったことが記されている。意外にもフォーマルな食べ方だったようだ。

　時代が下ると湯漬けは冷や飯を温かく、そして素早く食べることのできる方法として、武士に重宝され、織田信長が桶狭間の戦いで奇襲に出向く際、立ったまま湯漬けを喰らってから出撃する有名なシーンは、歴史小説などにひんぱんに描かれる。素早く食べることができるのは武士でなくとも好都合で、江戸末期の漆芸家、柴田是真《ぜしん》は仕事の後、佃煮の湯漬けを掻きこんでから夜の町へ繰り出していたという。

　そんな湯漬けに最適なのが、文久二（一八六二）年創業の佃煮店、浅草橋鮒佐の佃煮だ。醤油の勝った味で、はじめて食べる人はその辛さに面食らうが、慣れれば病みつきになる。日本画家の速水《はやみ》御舟《ぎょしゅう》は、鮒佐の佃煮を切らそうものなら駄々っ子のようになったというが、この味を食べつければ御舟の気持ちもわかるだろう。

　ヤマサの醤油を使った秘伝のタレで炊かれた佃煮は、辛いのに素材の味がしっかり感じられる。ご飯の上にあさりや海老などの佃煮を数切れのせ、熱い湯をかければ、魚介と醤油の味が湯に染み出て、旨味たっぷりの一碗となる。呑んだ後にも、呑む前の腹ごしらえにも好適だ。

骨董飯は五目飯

骨董飯と書いて「ごもくめし」と読む。今でこそ骨董といえば高級なイメージだが、もともとは、ごちゃごちゃとものがある状態を示す言葉だった。「骨董飯」にはいろいろな具がのせられているからそう名付けられたわけだ。面白いことに朝鮮のピビンパプも、漢字で書くと「骨董飯」になるという。また中国の古書でも、さまざまな具を飯に混ぜたものを「骨董飯」と記しており、同じ漢字文化圏の一員であることを実感する。

五目といっても、具は五種類に限定しないのが、江戸時代の常識。素人向けに書かれた料理書『素人庖丁』では、「赤貝、香茸、栗、ごぼう、鯛、三つ葉」「薄焼き玉子、岩茸、かまぼこ」「白魚、岩茸、せり」「あわび、椎茸、ぎんなん、焼き玉子、鰈、三つ葉」「松茸、栗、きくらげ」「いか、焼き栗、車海老、椎茸、三つ葉」「かまぼこ、きくらげ、きんこ、鳥、くし貝、せり、しめじ」「たいらぎ、岩茸、せり」「赤貝、ゆり根、松菜」「伊勢海老、くわい、紫蘇、椎茸、玉子、ごぼう、三つ葉」という具合に、五種類の具ではない骨董飯の組み合わせが数多く紹介されている。いずれも具をご飯の上にのせ、味を調えたかつお出汁のすまし汁をかけた汁かけ飯だ。

海原さんに今回つくっていただいたのは、ゆで車海老、鯵の塩焼きをほぐしたもの、錦糸卵、きくらげ、三つ葉、ごまの組み合わせ。

どうですか、みなさん、この美しさ！「骨董」という言葉がかつて持っていたマイナスのイメージなどみじんも感じさせない美しさ。食してみれば、車海老の甘み、鯵の塩焼きの程よい脂っ気、薄焼き卵の豊潤さを、きくらげの歯ごたえがはやし立て、三つ葉の青い香りと炒りごまの香ばしさが引き締める、夢のような味わい。おもてなしの膳の〆の一杯に、とお出ししても、色とりどりの具の美しさ、おいしさに、客人からはきっともう一献、お酒を所望されてしまうことだろう。

〃芝もの〃に魅せられて

江戸っ子にとって、
「芝」は特別な意味を持っていた。
それは江戸っ子が自慢する
江戸前の魚が集まる
場所だったからだ。
今なお漁村の面影が残る芝の地で、
江戸前料理をつくり続ける
「江戸前 芝浜」の海原親方に、
話をうかがった。

東京の〝郷土料理〟としての
江戸前料理を追求し続ける海原大さん。
日本酒のお品書きにも、
東京の地酒が顔をそろえる。

芝海老しんじょの吸いもの

海原さんに江戸前や芝を意識させるきっかけとなった芝海老しんじょ。薫り高いかつお出汁と海老の甘みに思わずため息が出る味わいだ。

芝海老しんじょの吸いものが私の江戸前料理の原点

かつお出汁のすまし汁に、大ぶりの芝海老しんじょがひとつ。あしらいも吸い口もない、実にシンプルなひと品。海原大さんは独立してからこのかた、この椀のために試行錯誤を繰り返してきた。もとより出汁としんじょだけで構成することについては揺らいではいない。海原さんが追い求めてきたのは、どれだけ出汁を高められるか、どれだけしんじょに芝海老のもち味を込めることができるか、の二点。

かつお節は老舗や有名店、料理人仲間の伝手で識った知る人ぞ知る店のものなど、何軒もの店のさまざまな産地の品物を試してきた。

食す側からすれば、その時どきの出汁のいずれもがベストと感じるほどの味わいだが、海原さんは今もなお上をめざす。

芝海老の仕入れ先も河岸に通い続けることで、息の合う仲卸と出会うことができ、季節ごとにベストな状態のものを入手できるようになった。鮮度が抜群にいい芝海老があると、海原さんは嬉しそうに、少しだけ刺身で出してくれる。

そんな海原さんが芝海老しんじょに出会ったのは、料理人として独立しようと考えていたときのこと。食通の間ではつとに知られた銀座の小料理屋で名物の海老しんじょを口にしたとき、「そうだ、自分はこういう料理をつくりたかったんだ」という思いが込み上げてきたという。

その後、江戸前料理の名店「なべ家」へのあこがれから江戸前料理を本格的に志した海原さんに迷いはなかった。芝海老を看板にするならば芝しかないと、その名の由来となった芝の地――芝海老は芝でたくさん獲れたからその名がついた――に店を構えることになった。

芝浜がげに親玉の――

しんじょは江戸時代に人気のあった料理で、とくに文化・文政（一八〇四〜三〇年）の頃に流行

金杉橋を過ぎると眼前に海が広がる、今とは違う芝の風景。『東海道分間図』元禄3（1690）年。国会図書館所蔵。

ったという。なかでも海老しんじょは特別な存在で、その様子を詠んだ次の一句が『誹風柳多留』（明和二〜天保一一〈一七六五〜一八四〇〉年）に収められている。

野田平が実《げ》に親玉の海老新架《しんじょ》
（一一八篇　天保三〈一八三二〉年）

「野田平《のだへい》」とは、日本橋の魚河岸近くの本船町にあった蒲鉾の名店、野田屋平三郎のことで、その名は江戸中にとどろいていた。「親玉の海老」とは、江戸の花形歌舞伎俳優、市川團十郎（海老蔵）にかけた言い回し。野田平の海老しんじょをトップスターの團十郎に見立てて讃えているわけだ。二百年前に海原さんの店があれば、この川柳は「芝浜がげに親玉の――」となっていたかもしれない。

今も残る「芝もの」

芝海老にほれ込み、芝を選んだ海原さんだが、芝で商いをはじめ、街になじんでいくうちに、芝は海老だけでないことを肌で感じていく。

江戸湾屈指の漁村だった芝では、海老以外にも江戸前の魚介類がたくさん揚がり、それらは「芝

芝海老の天ぷら

これぞ江戸の天ぷら、芝海老のつまみ揚げ。芝には、この揚げ方をする店が、海原さんの店のほかにも残っている。

もの」と呼ばれていた。魚の新鮮さや種類の豊富さを感じさせる、なんとも風情のある言葉だ。

今でも芝には芝もののはぜやきすを天ぷらにして食べさせる店があり、また、芝海老を数尾まとめて揚げる江戸時代からの揚げ方、「つまみ揚げ」（右ページ写真）で出すそば屋もある。

文化年間（一八〇四〜一八年）のはじめ頃、日本橋南詰に天ぷらの名人といわれた吉兵衛が屋台を出していた。その隣には二八そばの屋台も出ていて、そのそば屋の客が、隣の吉兵衛の天ぷらをかけそばにのせたことから、天ぷらそばが誕生した、という説が有力視されている。そんな天ぷらそば誕生当時の天ぷらが、二百年経ったのちもここ芝では食べられるのだから驚きだ。

海原さんはこうして江戸の空気を吸収しながら、きすを酒出汁で供す（94ページ）など、芝ものを使った江戸前料理をつくり続けている。

江戸前料理の「芝煮」

芝ものは、言い換えれば「江戸前」の魚介類であり、それらは寿司、天ぷら、そばといった江戸の名物食をつくり上げたわけだが、ことさら「芝」を強調した料理も存在する。調理用語辞典などにも載っている「芝煮」という料理がそれだ。

辞典類では、魚介類を味付けした出汁でさっと煮た料理、と説明される。江戸随一の料理屋「八百善」の八代目栗山善四郎氏も、茶道研究家の江守奈比古との対談の中で、そういう料理だと説明している（『懐石料理とお茶の話　八代目八百善主人と語る』）。

料理屋で芝浜の景色を思いながらいただく一品であれば、さっと煮た上品なお椀が似つかわしいだろう。しかし、芝は漁村である。しかも、日本橋の魚河岸には持っていけない雑魚なども、浜にはたくさんあったに違いない。きっと芝の漁師たちは、そういう魚介類を大量に鍋に入れ、豪快に煮て食べていたのではないだろうか。

芝煮のつくり方

海原さんは、当時芝浜で揚がっていたであろう魚介で作る芝煮のおいしさをずっと追い求めてきた。使う魚介は、芝海老一〇尾、きす二尾、あなご一尾、蛤二個、わたり蟹一ぱい、それに長ねぎ一本、三つ葉一束。

芝海老は殻を剥いて、空炒りする。

きすは三枚におろし、身、骨ともにうっすら塩を振り三〇分ほど置いて湯通しする。

あなごは背開きにする。うっすら塩をまぶし、すぐに流水で洗い流し、炭火などで焼く。骨は塩を振り三〇分ほど置き、湯通しし、余分な血合いなどを取り除く。

蛤は水一カップでゆで、殻が開いたら鍋から取り出す。ゆで汁は漉しておく。

わたり蟹は蒸して、食べやすく切り分ける。

芝海老の殻、きすとあなごの骨、わたり蟹の甲羅を水一リットルの中で三〇分間中火で煮出して出汁を取り、漉す。蛤の煮汁を加え、塩で味を整える。この出汁で具を温めたら出来上がり。

いわば和風ブイヤベース！　出汁を一口飲むごとに身体に染み入る癒しの味。海の香りが口いっぱいに広がり、汁だけで酒がすすむ。

芝海老しんじょのつくり方

出汁と芝海老の質が命の芝海老のしんじょ椀を家庭でつくるのは難しいかもしれないが、しんじょづくりの秘伝を披露していただいた。

用意するのは、芝海老むき身七〇グラム、長ねぎみじん切り小さじ一、卵の素（卵黄一個分をボールに割り入れ、植物油一〇〇cc前後を少しずつ加えながら泡立て器で混ぜ、逆さにして垂れなくなる状態にまでしたもの）。

まず、芝海老のむき身を包丁の刃で叩く。粘りが出始めたところで、薬味の長ねぎ、卵の素を加え、よく混ぜる。それを二等分して丸め、塩小さじ一を加えたお湯五〇〇ccでゆでる。

ゆで上がった芝海老しんじょをお椀に盛り付け、かつお出汁にほんのわずかな醤油と塩で味付けした汁を張れば出来上がり。

江戸時代の人びとの心をわしづかみにした一品を、ぜひ内呑みの食膳に。

芝煮

漁村・芝浜を髣髴とさせる、豪快極まりない江戸の漁師料理。

かつおの銀皮づくりが、「芝づくり」と呼ばれていた

この初がつおの芝づくりこそ、
初物喰いに熱をあげた江戸っ子が
女房を質に入れても食べたかったもの。
これぞ江戸の刺身の真骨頂だ。

かつおの芝づくり

芝づくりとは、いまや魚河岸など、限られた場所でしか通用しなくなった言葉だが、江戸情緒がただよう、なんとも粋な料理名だ。別名「大づくり」とも言う。

江戸っ子にとって初がつおといえば、芝づくりのことだった

新三　早く鰹を喰おうじゃねえか。
勝奴　わっちが刺身に作りやしょうか。
新三　腹皮を大ばなしに、芝づくりにやってくれ。
勝奴　一番手際を見せよう。

（河竹黙阿弥『梅雨小袖昔八丈』）

演出に初がつおを効果的に使った歌舞伎の演目『梅雨小袖昔八丈』、通称「髪結新三」。かつお売りが「かっつお！　かっつお！」と花道から威勢よく現れると、劇場全体が一気に初夏の空気に染まる。この初がつおを、主人公・新三がもうじき入る大金をあてに買い、刺身にして一杯やるのが冒頭のセリフのシーン。「芝づくり」とは、銀皮をつけたままのかつおの腹身の刺身で、江戸っ子にとって初がつおといえば、芝づくりのことだった。

芝は、江戸屈指の漁村だった

芝づくりの「芝」とは、芝浜（芝金杉浦、本芝浦。現在の浜松町のあたり）のこと。なぜかつおの刺身にその名が付くかといえば、芝浜は江戸屈

江戸時代には、増上寺のあたりにも潮のかおりが漂っていたことだろう。「東都三十六景　増上寺朝霧」文久2（1862）年。国会図書館所蔵。増上寺からほど近い芝浜には、江戸城本丸へ魚を納めていた漁村、御菜八ヶ浦のうちの二つ、芝金杉浦、本芝浦があった。芝は、徳川将軍家の台所でもあったのだ。

火取りかつお

江戸時代、かつおにはからしが付物だった。英一蝶の境遇に心を痛めた友人・宝井其角は、一蝶の句に、「そのからし　効いて涙の鰹かな」と返した。

指の漁村であり、江戸前の海で獲れた魚介の集積地だったからだ。相模沖で獲れたかつおは、江戸時代の高速船「押送舟」で芝浜に水揚げされ、日本橋の魚河岸に運ばれた。

165ページの挿絵は、芝浜からほど近い増上寺の前を通るかつお売りを描いたもの。獲れたてのかつおを得意先に大急ぎで届けるところであろうか。浜松町のあたりは今では多くのビルが立ち並ぶが、江戸時代、増上寺から先は芝浜であり、海だったのだ。芝づくりの「芝」とは、漁港から直送された新鮮さ、江戸前の海の豊饒さを、江戸っ子に想起させる記号でもあったのだろう。

今では銀皮づくりという言葉が一般的になり、芝づくりという言葉を使うのは、一部の料理屋や魚河岸関係者、東京の古老に限られてしまっているが、江戸呑み愛好者としては、ぜひこの言葉を残していきたい。

かつおには、からしが付き物

銀皮を付けたかつおの刺身が喜ばれた一方で、現在と同様、皮目を焼き、たたきにした刺身も広く好まれた。江戸時代の料理書に見られる「火取りかつお」「火取り鱠」などがそうだ。皮の下にある脂が溶け出した香ばしい風味には、からしとたまり醤油がよく合い、酒を誘う。

江戸時代、かつおの刺身にはからしが付き物で、粋人として知られた画家・英一蝶は、事件に巻き込まれ三宅島に流罪になった際、「初がつお　からしもなくて涙かな」という句を残している。島ではかつおはたくさん獲れるが、からしをつけて食べることはかなわない、と嘆いているわけだ。

文人墨客に愛された江戸随一の料亭「八百善」では、この火取りかつおを刺身につくり、塩酢を振って手でたたき、塩酢に大根おろしと、長ねぎ、みょうがを混ぜて刺身にのせ、たまり醤油とからしで食べさせる「かつおのげたづくり」を名物として出していた。

「八百善」は二〇二四年、惜しくも長い歴史に幕を下ろしてしまった。しかし、この料理は、「江戸前　芝浜」の海原大さんがつくり方を「八百善」の十代目栗山善四郎さんから受け継いでおり、今も食すことができる。

江戸呑みのさらなる奥座敷

江戸呑みのさらなる奥座敷 ❶

酒器で江戸を味わう

文・藤岡泰介

酒器は大人の遊び道具。
お気に入りの江戸のぐい呑みひとつを
懐に忍ばせておけば、
通勤帰りの居酒屋も
江戸の煮売り茶屋に大変身。
江戸呑み連中愛用の
酒器の中から、ちょっとした
小遣い程度で入手できる器をご紹介。
こんな酒器で呑めば
酒がもっとおいしくなる。

酒器の変遷

現在のように陶磁器の徳利と盃を使うようになるのは江戸時代後期になってから。文化年間（一八〇四〜一八年）に燗徳利という名称が現れ、文政年間（一八一八〜三〇年）には従来の漆塗りの盃に代わって陶磁器の盃が主流となり、嘉永年間（一八四八〜五四年）になると居酒屋で燗徳利が使われるようになる。

　その頃のことを京坂と江戸の習俗の違いを記録した喜多川守貞は次のように書いている。

「盃も近年は漆盃を用ふこと稀にて、磁器を専用す。京坂も燗徳利はいまだ専用せざれども、磁杯は専ら行はるゝなり」

「京坂、今も式正・略および料理屋・娼家ともに必ず銚子を用ひ、燗陶を用ふるは稀なり。江戸、近年、式正にのみ銚子を用ひ、略には燗徳利を用ふ。燗めそのまま宴席に出すをもっぱらとす。〈中略〉式正にも、初めの間、銚子を用ひ、一順あるいは三献の後は専ら徳利を用ふ」

チロリはどこへ

　燗徳利が登場するまで酒は、銚子を使う場合でもチロリで温められ、家庭や居酒屋では、チロリから盃に直接酒を注いでいた。しかし燗徳利の登場によって、チロリは衰退してしまう。江戸時代のチロリには蓋がついており、酒が冷めにくい。燗のつけ具合にうるさかった江戸っ子にはうってつけの酒器だったはず。

　漆の平盃が普段の酒席から姿を消していったのは、陶磁器の猪口やぐい呑みの気安さを考えれば想像はつくが、なぜチロリは姿を消してしまったのだろうか。

　一つには手入れの手間ということがあっただろう。蓋がついているチロリを洗って完全に乾かすのには手間がかかる。

　二つには味の面が見逃せない。喜多川守貞は「銅ちろりの酒」は金っ気があって飲みにくく、燗徳利の酒

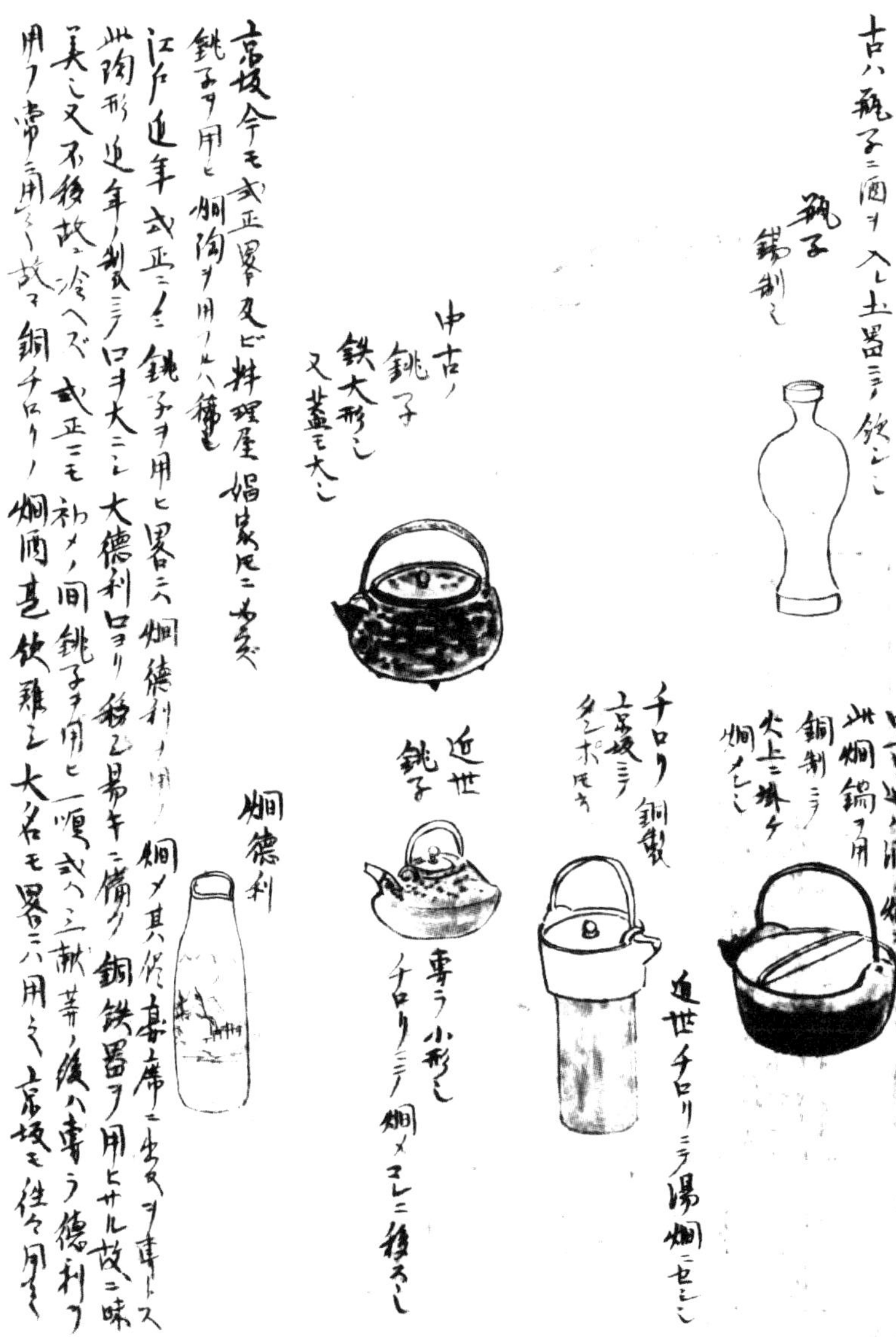

『守貞謾稿』に記された江戸時代の酒器いろいろ。酒を呑む器は塗物から陶磁器へ、酒を注ぐ器は金属製の銚子やチロリから陶磁器の燗徳利へ変わっていく。『守貞謾稿』後巻一（江戸時代後期）。国会図書館所蔵。

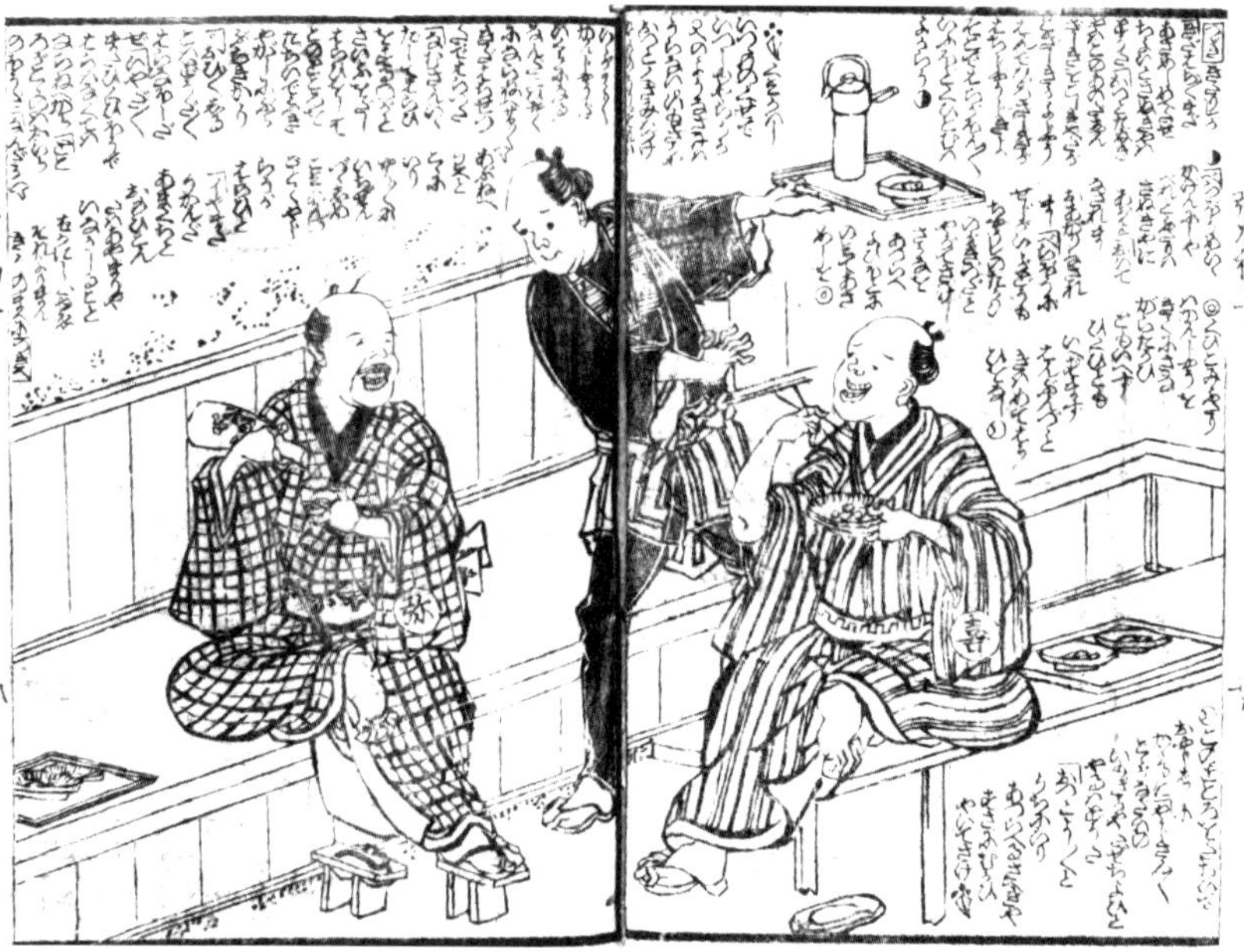

チロリから燗徳利に移り変わる頃か。『江戸久居計』文久1（1861）年。

はそれがないので美味だと言っている。現在のチロリは錫でできており酒の味を邪魔することはないが、銅となるとやはり影響がある。

伊万里の登場と燗徳利

三つには、染付磁器の普及ということも挙げられるだろう。江戸時代には染付磁器が尊ばれていたが、それらは明の景徳鎮窯や漳州窯からの輸入に頼らざるを得なかった。

しかし、一六一〇年代に日本初の磁器・伊万里焼の製造が可能になり、一六四〇年代に内乱の影響で中国の窯場が衰退すると、伊万里の時代がやってくる。こうして国産の染付磁器製造が軌道に乗ると、それに倣った類似の安価な陶磁器もつくられるようになる。

このような三つの要素があって、陶磁器の盃、燗徳利を使うことが江戸後期になって盛んになっていったのではないか。そんな歴史に思いを馳せながら、江戸時代の酒器で一杯やってはいかがだろうか？

瀬戸灰釉盃

まるで心の友のような酒器

灰釉というのは文字通り植物を燃やした灰を釉薬にしたもの。瀬戸の焼き物によく見られるが、中国、タイ、ベトナムなど、東アジアにも広く分布する。この瀬戸の盃はよほど大量に流通したと見え、今も伝世品が残り、大名屋敷跡などからも数多く出土する。今回紹介する盃の中では一番手ごろで、運がよければ千円程度で入手することができる。だけれど値段以上に呑めるというか、盃としてこれ以上のものはないかもしれない。呑みやすく、手取りもよく、酒もおいしく、そして使い込むほどに味も付く。なんでもない盃なのに、いつしかこればかりを使うようになっていた、そんな心の友のような盃になること請け合いだ。江戸の人たちの酒席に常にあったこの盃には、燗をつけた酒と、なめものなどのざっかけない肴がよく合う。／江戸時代後期。径5㎝、高4.5㎝。

このように、朱と藍の二色の線を縦に描いた文様を「麦藁手」と呼ぶ。文字通り麦藁を連想させることからついた名前だ。幕末頃に流行った柄で、単純だが、雰囲気のある盃だ。このような縦長の盃は、「たちぐい」と言ったり「のぞき猪口」と言ったりする。酒ばかりでなく、小さな向付としても使われていたようだ。茶会の席などのちょっとあらたまった食事の際、小さなさいの目に切った長芋の上にこのわたをかけたものなどが、この器で供されていたのではないだろうか。肴を食べ終わった後は、そこに酒を注ぎ、残りの風味をも賞味したのであろう。値段も求めやすく、気楽に付き合える盃だが、これひとつあると、いつもの食卓が、ちょっと晴れがましくなる。／江戸後期～幕末。径4.6㎝、高5㎝。

めでた盃

日本でもっともめでたい酒器

鯛と「めでたい」を掛けるのは江戸時代からの伝統で、見込み（器の内側のこと）には、めでたいの文字とともに鯛の絵が描かれる。加賀百万石のお殿様が、婚礼の席のお土産の盃として、名陶工・青木木米（もくべい）が指導した九谷焼の窯、春日窯に命じてつくらせた磁器の盃。盃の見込みと裏面には、「めでたいに伊勢の浜萩（はまおぎ）折しきて」という句が朱色で書かれている。紫、緑、朱のコントラストが美しく、デザインも秀逸で、人気の高い盃のひとつ。誕生日などの記念日や正月などのハレの日に、この盃で呑むと実に気分がよい。自分で使うのももちろんいいが、この盃で呑んで、華やいだ気分になっている酒席の相手を眺めるのも、またよいものだ。／江戸後期。径7.8㎝、高3.5㎝。

古伊万里胴紐盃

食器の歴史を映し出すかのような一品

こちらも磁器。日本人にとって磁器はあこがれの存在で、江戸時代には中国から輸入した染付の磁器が珍重されていた。なんとかして国産の磁器を焼こうとして成功したのが、1610年頃。朝鮮人陶工の手により、今まで陶器を焼いていた唐津の窯で、日本初の磁器、伊万里焼が誕生した。この盃は、小型の筒形の漆器、豆子（ずつ）を模したもの。酒の器が漆器から陶器に、陶器から磁器になっても、漆器の形に範をとるという日本人の造形感覚が底流に流れている一品だ。磁器とはいえ、厚くかかった釉薬により温かみがあり、口をつけたときにも柔らかさを感じる。また胴に施された段（これを胴紐と呼ぶ）により、ひじょうに持ちやすく、酒をゆったり呑もうという気分にさせてくれる。少しあらたまった席で用いたい。／江戸中期。径7.3㎝、高4.3㎝。

瀬戸鉄絵網紋盃

使う側の意識まで変える江戸の盃

江戸時代には、衣装などに網紋の意匠が見られるが、どれも洒落ている。こちらは庶民的な瀬戸生まれの盃ではあるが、遊び人のような色気があり、大店（おおだな）の旦那さんが、「さあ、今夜は無礼講でいこうじゃないか」と言っているような、さばけた雰囲気もある。おそらく、そんな人たちが、この盃を使ってきたのではないだろうか。受け継いだこちらとしても、ここは決して酔いつぶれたりなどせず、スマートに酒をたしなみたい。粋人が着物の裏地にこだわるがごとく、見込みには一羽の鳥が描かれる。地曳網の浜に現れた水鳥だろうか。一口呑むごとに鳥と目が合うのも楽しい。口がいくぶんすぼまっているので、吟醸酒などの薫り高い酒を呑むのによいだろう。／江戸後期。径4.7㎝、高6㎝。

江戸呑みのさらなる奥座敷❷

十返舎一九『手造酒法』を呑み解く

『手《て》造《づくり》酒《しゅ》法《ほう》』とは、
『東海道中膝栗毛』の作者が
二百年以上前に記した
酒のアレンジ方法を
記した書物で、いわば江戸の
カクテルレシピブック。
世界をまたにかけて活躍する
バーテンダー、鹿山博康さんが
江戸のエッセンスを汲みながら
再解釈して
令和版カクテルに昇華する。

十返舎一九が記した 江戸時代のカクテル指南書

『手造酒法』は、文化一〇（一八一三）年に出された本で、酒のアレンジ方法を中心に、菓子・肴・味噌・醤油についても記された書物である。下り酒が圧倒的支持を集めていた江戸にあって、日本酒や焼酎をベースに桑の実やぶどう、みかんといった果実や、くるみをはじめとする木の実、肉桂（シナモン）や朝倉山椒といったスパイスまでを取り入れた酒の調合法が紹介されていることが驚きだ。調合レシピ数は28種類。「地黄《じおう》保命酒」なる薬草酒や泡盛ベースの「紅毛酒《おらんだざけ》」、鳩の肉をたたきすりつぶして味噌と合わせる「鳩酒」といったものが含まれているのも興味深い。

それにしても、なぜ江戸後期の売れっ子戯作者、十返舎一九がこのような本を著したのだろうか。飯野さんいわく、『東海道中膝栗毛』で一躍人気作家になった彼に、版元がさまざまな提案をして新しい作品をどんどん書いてもらった背景があるのでしょう。『酒法』と『手法』をかけて洒落ている点も、気が利いています」。

本の冒頭には「此書供《とも》にその仕法悉《ことごと》くためし診《こころ》みて記す所なり。因《よつ》て其術ならざるはなし。されども其のものによりて出来不出来の製し有は筆談に叶ひがたし。都《すべ》てのものの煮加減・あんばいは自然と神に入るの業《わざ》なれば好士よくよく考合せ給ふべし」とあり、すべてうまくできるわけではなく、神様のみが知る技だから各自でよく考えて、とエクスキューズが記されている。

この本が書かれた文化・文政年間（一八〇四〜三〇年）は、倹約をすすめる寛政の改革が終息し、酒造株の有無や量にかかわらず酒造りの自由営業を許す「勝手造り令」が出された頃。酒の生産量は増加し、下り酒は百万樽を超えるほど豊富に出回った。だからこそ、先進的な味わい方を提案し、飲み手もそれを受け入れる余裕があったのだろう。

『手造酒法』文化10（1813）年には、花や砂糖を調合する様子や酒を提供するシーンの図が織り込まれる。こちらは、温かい調合酒を供されているところで、右側の男性は十返舎一九本人。国会図書館所蔵。

芋酒
山のいもにいかにも
白きをこまかにおろし、
冷酒にてよくとき、
かきまはしてよし。

材料

山芋／日本酒／ブランデー／
カカオリキュール／生クリーム／カカオ豆

山芋はすりおろす。カカオ豆以外の材料をシェイカーに入れてしっかりシェイクし、グラスに注ぐ。仕上げにカカオ豆をすりおろす。「山芋のクリーミーさやとろみのあるテクスチャを、ブランデー、カカオ、生クリームを使うスタンダードカクテルのアレクサンダーに重ね合わせました。期待していた以上の仕上がりです」（鹿山さん）。とろりとした山芋の舌ざわりが新鮮。日本酒が入ることで、柔らかな飲み心地になり、自然なねばり気が全体をまとめる。

豆淋酒
黒豆三合　但よくいりてさまし置
朝倉山椒二匁　さとう五十目　酒壱升
右四品ひとつに合せつくりこむなり。

材料

粕取り焼酎／日本酒／
朝倉山椒／こしあんペースト／水まんじゅう

原本の黒豆にインスピレーションを得て、小豆餡のこしあんペーストを使用。ひときわ香りが高く江戸幕府への献上品だった朝倉山椒を生かす。何度かのレシピ改良を経て、日本酒、こしあんペースト、朝倉山椒を混ぜた上澄み液を清澄化して使うことに落ち着いた。マティーニにオリーブを添えるがごとく、水まんじゅうを添える。「粕取り焼酎と朝倉山椒の相性がよく、上品にまとまります。水まんじゅうを食べながら味わってください」（鹿山さん）。

鹿山博康（かやま・ひろやす）

『Farm to glass』を提唱し、自身の畑で採取したボタニカルを用い、薬研やすり鉢を活用してカクテルをつくる。アジア最高のバーアワード「Asia's 50 Best Bars」に2016年より9年連続選出。2024年は日本最高位となる5位に輝く。Bar BenFiddich（バーベンフィディック）東京都新宿区西新宿1-13-7 大和家ビル9階／03-6258-0309

二百年前の〝先端〟の酒の愉しみ方に思いを馳せられる

西洋の古いカクテルブックを収集する鹿山さん。日本酒の勉強の際に遭遇したのが『手造酒法』だった。

「まさに和製カクテルレシピブックだと思いました。材料は現代の僕たちが食べているものが多く、これは再現できるな、と。レシピ通りではかなりシンプルな味になってしまうので、材料の個性を引き立てるスピリッツやフレーバーを加えて再構築しています。なにより、二百年前の人が楽しんでいたお酒に思いを馳せながら味わえることが最大の魅力です」

鹿山さんの興味は尽きず、『料理山海郷』（寛延二〈一七四九〉年）入手。タイムトリップ感のあるカクテルは海外の客にも喜ばれる。鹿山さんの手から、古典にして先進的な一杯がこの先も続々誕生しそうだ。

榧酒
上等の
榧《かや》を煎って
渋皮を取り、
さらに色が
つくくらいまで
煎ってさまし、
刻んでから
擂鉢でよく擂る。
これを酒で
のばしてこし、
温めて用いる。
『料理山海郷』
寛延二(一七四九)年

材料

榧の実／日本酒／麦焼酎／ハニーウォーター

江戸時代の諸国の名物料理を記した料理書『料理山海郷』からも1杯。榧の実を煎ってつぶし、すり鉢ですり、そのほかの材料を足して伸ばす。ストレーナーで濾しながらグラスに注ぐ。「本来のレシピ通りの日本酒だけでは味が硬くなってしまうので、ハニーウォーターで甘味を加えて味わいを柔らかく膨らませました。榧の実の香ばしさを増幅するべく、ビターな麦チョコのような風味を持つ麦焼酎を加えて味を下支えします。余韻も一層長くなります」。

見てください、この嬉しそうな顔。『熙代勝覧』文化2（1805）年。ベルリン国立アジア美術館所蔵。

江戸呑みのさらなる奥座敷 ❸

江戸の呑み倒れと二日酔い

「江戸の呑み倒れ、京の着倒れ、
大坂の喰い倒れ」と謳われた
酒の都江戸。
来日宣教師たちも目を疑った
呑みっぷりを、
とくとご覧あれ！

昼酒OKの江戸時代

半休して呑む昼酒、営業先からの直帰酒など、人様が働いている時間に呑む酒の味は、背徳感も手伝って乙なもの。そんな明るいうちからの飲酒は現代に生きるサラリーマンならではの楽しみかと思いきや、実はこれ、江戸時代からの伝統なのであった。

お江戸日本橋の賑わいを詳細に描いた『熈代勝覧』という絵巻がベルリン国立アジア美術館に所蔵されている。これを眺めているといるいる、昼から呑んでいる御仁が。右ページの幸せ者もそんな一人。日本橋本町三丁目あたりにある居酒屋で、実にうまそうに酒を呑んでいる。店先には本日のおすすめの蛸や魚が吊るされているから（これがのちの時代に、縄のれんに変わる）、刺身や煮魚、焼き魚を肴に、傍らに置いてあるチロリの燗酒を楽しんでいるのだろう。

本船町あたりの路上に目を移すと、魚や野菜を売る人たちに交じって、酒の立ち売りも（左図）。早い時間に仕事を終えた江戸っ子は、店に寄らずとも、道すがらのちょいと一杯を、気軽に楽しんでいたのだ。

昔の日本は酔っぱらいにも実に寛容。来日した宣教師たちは、人前でも平気で酔いつぶれる日本人を見て驚愕し、しかも泥酔自慢をする者を前に、「われわれの社会では恥辱なのに」と言葉を失っている（ルイス・フロイス『日欧文化比較』）。

そんな江戸では酒量を競う大会「酒合戦」も盛んに行われた（次ページ上図）。女性も参加していたというから、社会全体に飲酒の習慣が広まっていたことがわかる。文化一二（一八一五）年に行われた酒合戦では、天満屋の美代女なる女性が、三升七合も呑み干したと記録されている。しかし誰

昼日中、しかも路上で酒が売られていたお江戸日本橋。『熈代勝覧』。

二組に分かれて酒量を競う「酒合戦」『近世奇跡考』。文化1（1804）年。
東京大学総合図書館所蔵。

もがそんなに呑めるわけはなく、上の図の中にもいるように、早々に撃沈している参加者も……。

山東京伝はこの酒合戦を、慶安年間（一六四八〜五二年）の頃に流行った風俗だと『近世奇跡考』に記しているが、江戸無血開城の立役者、山岡鉄舟も盛んに酒合戦をしていることから、その後、二百年ほどもこの〝奇行〟は続いていたものと思われる。宣教師が言葉を失うのも無理もない。

二日酔いには「から汁」

そんな大酒呑みには二日酔いが付き物。迎え酒をする、チキンスープを飲むなど、世界中に二日酔い対策はあるが、江戸っ子に支持されたのは「から汁」。から汁とは、おからの入った味噌汁のことで、これを呑めば二日酔いが治まると信じられていた。なるほど味噌汁は電解質だから、水分とミネラル分を摂取でき、スポーツドリンクと同じような効果がある。昔の人はよく考えていたんだなぁと思いきや、さにあらず。江

「夜明し」と呼ばれた深夜営業の居酒屋。こうした店の多くは「から汁」を用意していた。『七不思議葛飾譚』三篇。元治2（1865）年。国文学研究資料館所蔵。

戸の酒呑みたちは酔ってなお満足せず、おまじないのようにから汁を飲んでは、また呑みなおすのが常だった。

　上の図は「夜明し」と呼ばれた深夜営業の居酒屋。こうした店にはお約束のようにから汁が置いてあった。絵の中の客は「あつくかんしてまづ五合はやくはやく」と店主をせかしている。何軒かのはしご酒の末にたどり着いたのだろうに、「まづ五合」とは！

　から汁を肴に呑むと、明朝の体調はどうなるのか、残念ながらそのあたりを報告する文献は残されていない。しかし、二日酔いの解決策として現代に伝わっていない以上、効果はそう望めないのだろう。先に名前を挙げた山岡鉄舟は、酒合戦で負かされた相手の家を覗きに行き、二日酔いに苦しんでいる姿を見て留飲を下げたというが、そんな強者たちでも、二日酔いは避けられなかったようだ。

戻したら
もったいないワン！

参考文献

飯野亮一『居酒屋の誕生』ちくま学芸文庫、２０１４年
飯野亮一『すし 天ぷら 蕎麦 うなぎ』ちくま学芸文庫、２０１６年
飯野亮一『晩酌の誕生』ちくま学芸文庫、２０２３年
松下幸子『図説 江戸料理事典』柏書房、１９９６年
松下幸子『江戸料理読本』ちくま学芸文庫、２０１２年
松下幸子『江戸 食の歳時記』ちくま学芸文庫、２０２２年
福田浩、松下幸子『料理いろは庖丁』柴田書店、１９９４年
清水桂一編『たべもの語源辞典』東京堂出版、１９８０年
小澤弘、小林忠『『熈代勝覧』の日本橋』小学館、２００６年

江戸呑み

江戸の"つまみ"と晩酌のお楽しみ

2025年3月31日　第1刷発行

著者　江戸呑み連中
料理　海原 大
撮影　大沼ショージ　萬田康文

発行者　鈴木勝彦
発行所　株式会社プレジデント社
〒102-8641 東京都千代田区平河町2-16-1
平河町森タワー13F
https://www.president.co.jp/
https://presidentstore.jp/
電話　03-3237-3732（編集）
03-3237-3731（販売）

アートディレクション　中村圭介（ナカムラグラフ）
デザイン　藤田佳奈（ナカムラグラフ）

販売　桂木栄一　高橋徹
川井田美景　森田巌　末吉秀樹
庄司俊昭　大井重儀
編集　町田成一　沼 由美子
制作　関結香
印刷・製本　中央精版印刷株式会社

©2025 edonomirenjyu

ISBN 978-4-8334-4075-2
Printed in Japan
落丁・乱丁本はお取り替えいたします。